働くならこれだけは 知っとけ！ 労働法

星田淳也

HOSHIDA Junya

LABOUR LAW
You Should Know This!

慶應義塾大学出版会

はじめに

過労死や過労自殺など、会社員に関する悲しい事件や事故のニュースがしばしば報道されます。また、たとえば学生の内定を大量に取り消す等により会社側が強い非難にさらされることも少なくありません。関係者に労働法の知識があればこれらの事態の成り行きは異なっていたかもしれないと思うことがあります。

労働者を雇わないフリーランスなどの例外的な方を除いて、人生のどこかの時期で、正社員であるにせよアルバイトであるにせよ会社に雇われて給料を受け取る立場か、労働者を雇って給料を支払う経営者としての立場を経験する方が多いと思います。そのような場面を規律するのが労働法ですが、労働法の知識がないと大きな損をすることがあります。たとえばもし最低賃金の存在を知らずに最低賃金より低額の時給しか支払われなかった場合、労働者はもちろん損をしていますし、その使用者も「逮捕されるおそれがある」という意味で損をすることになります。もっとも最低賃金についてはほとんどの方が少なくとも名前を聞いたことがあるでしょうが、守られなければならない労働法の規制は多岐にわたります。

本書は一般の労働者や経営者が最低限知っておくべき労働法の内容について解説したものです。法律の専門家向けではないので「法律とは何か」「労働法がなぜ必要になるのか」から説明を始め、現実の労働の場面で起きるたいていの問題に対処可能になるような実用的な内容のものを目指しました。また必要な労働法の関係条文や非常に重要な裁判例の関係部分を可能なかぎり付すようにしました。それらは枠の中に入れてありますが、「単に規制の内容だけわかればよい。条文や判例は不要」という方や苦手な方はその部分を読み飛ばしていただいてもそれなりに文意が通じるようにしています。法学部生にとっても「労働法の基礎」を学べるものにはなっていると思いますし、公務員試験の参考書としても役に立つでしょう。

執筆にあたっては何よりも「気楽に、面白く読める」ものを目指しましたので、具体例を引いたなるべくわかりやすい解説を心がけました。関係するような余談やコラムも折に触れてつけるようにしました。楽しんで読んでいただければ著者としては嬉しいかぎりです。

私は２０２０年度から丸３年間、慶應義塾大学総合政策学部（キャンパスはＳＦＣと呼ばれています）で学部生向けの労働法という講義を担当していました。講義内容は本書と同様「法学部生でない学生に、社会に出るにあたり必要となる労働法の内容を理解してもらう」というものでした。本書の内容は新たに加筆等を行った部分を除いておおむね私の労働法の講義そのものですので、「ＳＦＣではこんな授業が行われているんだ」という雰囲気もあわせて味わっていただければ幸いです。

講義の当時は有斐閣の『ベーシック労働法』（浜村彰ほか著）を自分の講義の教科書に指定していたので、本書の構成や説明順は同書に多くを負っています。また本文中に何度も引用していますが、日本実業出版社『人事・労務担当者のための最新版 労働法のしくみと仕事がわかる本』（向井蘭著）は、使用者や人事担当者向けの労働法の解説書です。これらは非常にわかりやすい書籍ですので、本書の後で労働法にさらに踏み込みたい方にはお勧めです。

なお、私は厚生労働省の現役の官僚で、慶應義塾大学には出向という立場で所属していましたが、現在は厚生労働省に戻っています。本書は「ＳＦＣの元教員」として執筆したものであり、本来はＳＦＣにいる間に出版したかったのですが、遅筆のために間に合わず「厚労省に戻った後に刊行となってしまった」だけです。本書で意見を記述している部分については、元ＳＦＣ准教授としての筆者の個人的なものであり、厚生労働省としての見解とは一切無関係であることを付記しておきます。

２０２３年10月

星田淳也

目次

第1章 えっ、労働法ってなに？

「山本君、就活はどうだった？」

「鈴木先輩、ようやく内定をゲットできました。第一志望には落ちてしまったんですが、第二志望の会社です。こちらの会社に決めます。」

「それはおめでとう。そしてお疲れ様。」

「これで来春から鈴木先輩と同じ社会人です。もっとも鈴木先輩のように経営者ではなく、いち労働者に過ぎませんが。」

「いやいや、きちんと内定を勝ち取って立派だよ。私の会社も採用活動がようやく一息ついたよ。今年は欲しい人材がそこそこ採れたと言っていいかな。」

「鈴木さんの方は、『採用されたい』という僕たちとは違う苦労があるでしょうね。」

「起業して3年目になるけど、少しずつ実績が伴ってきたからね。ではいよいよ社会に出る山本君、期待と不安とどちらが大きい？」

「9割が不安です。ぼくみたいな人間が果たしてやっていけるのか。すぐにクビになっちゃうんじゃないかと。」

「大丈夫、山本君は労働法に守られるから。労働法について知ってる？」

「ほとんど何も知らないです。」

「労働法、とても大事だよ。会社の理不尽な要求から自分を守ることができるし、働く上で知らないと損

だよ。」

「そうでしょうね。では労働法の大事なポイントを教えていただけますか、鈴木先輩！」

「オッケー、任せなさい！　ではまずは基本的な考え方から一緒に見ていこう。」

「ありがとうございます。さすが鈴木先輩、頼りになります！」

「この先輩をいつでも頼ってくれたまえ。」

「『亀の甲より年の功』ですね。」

「ちょっと引っかかるけど、まあそういうことかな。」

労働法はなぜ必要か？

まずは「労働法というものがどうして必要なのか」、裏を返せば「仮に労働法が存在しなければどうなるのか」から、議論を始めたいと思います。

ここで労働法とは、労働者と使用者の権利や義務、労使関係等を規律する法律の総称で、労働基準法や労働組合法などが含まれますが、「労働法とは何か」については追って詳しく説明します。皆さんが「労働法」と聞いてイメージする「労働時間や最低賃金などを定めるルール」という理解で特に問題ありません。それを基に考えていきましょう。

さて今、あるスーパーで大根を1本128円で売っているとします。季節などにもよりますが、これはそこそこ安い値段です。皆さん買いますか、買いませんか？　考えてみてください。

「大根を使う人は安いから買う」「日常生活で自分で大根を使わない人は安くても買わない」と考えたのではないでしょうか。128円はそこそこ安いですが、だからといって買わなければならないわけではありません。買うも買わないも自由です。

では、別の日にそのスーパーで、なぜか大根を1本2980円で売っていたとします。特に何かがあったわけではなく、他の店では普通に148円とか188円とかで売っています。この2980円の大根を皆さん買いますか、買いませんか？　考えてみてください。

いかがでしょうか。ほとんどの方は「買うわけない」と思ったことでしょう。あるいは「何か特別な大根だったら買う」という方もいらっしゃったかもしれません。

つまり、大根1本128円であろうが2980円であろうが、買わなければならないわけでも買ってはいけないわけでもない。「必要であれば買う」「いらなければ買わない」、それだけです。自分にとってその値段の価値がありその値段を払う余裕があれば買う、その大根を買うかどうかはお金を払う側が自由に決める、ということです。

そしてこれは売る側にとっても同じです。売り手(今回の例ではスーパー)は、大根1本の値段を128円にしようが188円にしようが、はたまた10円にしようが19800円にしようが、まったく自由です。安くし過ぎると売れば売るほど赤字になる(損をする)でしょうし、高すぎれば誰も買ってくれない、それだけです。売る側としてはそういったことを考えながら、通常は「なるべく利益が最大になる(赤字にならず、多くの人に買ってもらえる)値段」をつけるわけですが、これも別に「そうしなければならない」わけではありません。完全に自由です。

これこそが「自由市場」のルールです。

この点に少し立ち入ると、ちょっと大上段に構えるようですが、日本は「資本主義社会・自由市場主義社会」です。基本的に物やサービスは市場を通じて取引される。つまりある物が欲しい人は、それにつけられた値札の金額を払って売り手からそれを購入するということです。いくらの値段をつけるか、そもそも売るのか否か、また買うか買わないかは完全に当事者の自由ですし、別に「値段を下げてくれれば買う」といった交渉するのも自由です。日本ではそんな交渉が店頭で行われることは稀ですが、ネットで個人間の取引を行うメルカリなどでは金額の交渉は日常茶飯事です。重要なのは、「買うことや売ることを強制されることはないし、値段の規制もない」ということです。

では次に、皆さんがある会社で働く会社員（つまりその会社に雇用されている労働者）であるとします。ここからは「もし労働法がなければどうなるか」を考えてみましょう。「労働法がなければ」というのは、労働の世界がここまでに見たような自由市場のルールで規律されるならということです。まだ駆け出しの平社員を想像してください。

ある日、あなたは社長に呼ばれました。「やあ、がんばってるかい？ ところで君には毎週、我が家の庭の掃除をお願いするよ。社長の私が言うんだから、しっかりよろしく。その分の給料？ あるわけないでしょ、そんなの」。

さあ皆さん、どうしますか？

そんなただ働きは嫌だ！ もちろん断りたい…。ですが断るとどうなるか？ 社長はこう言います。「へえ、断るんだ。じゃあ君は今この瞬間にクビだ。荷物をまとめて出て行ってくれ」。あなたが抗議しても、社長はこう答えるでしょう。「君の給料を出すのは私だ。私には大根を買わない自由があるように、君を雇用しない自由があるんだよ。ではさよなら」。

別の場面。あなたが会社員として働いていると、社長がある日全社員を集めて演説しました。「みんな知ってのとおり、我が社の経営環境は大変厳しい。それは我が社の製品に価格競争力がない（＝似たような製品を扱う他社と比べて価格が安いわけではない）からだ。そこで、人件費を削ることで、最終製品の価格を下げることにした。君たちは毎日長時間の残業をし、また休日などなく働いてくれたまえ。残業手当や休日手当？

払うわけないでしょ、人件費を削るためなんだから」。

給料は上がらないのに1日当たりの労働時間が増え、かつ休日もなくなる。あなたにとってメリットは皆無です。だからもちろん断りたい。ですが断るとどうなるか？　社長はこう言います。「へえ、断るんだ。じゃあ君は今この瞬間にクビだ。荷物をまとめて出て行ってくれ。君の給料を出すのは私だ。私には大根を買わない自由があるように、君を雇用しない自由があるんだよ。ではさよなら」。先ほどと同じセリフですね。

こういう扱いに耐えかねて、「そんな会社は辞めて転職する」という手もあります。ですが転職するとどうなるか？　転職先の社長は、同じようにあなたにとってメリットのない（社長だけしか得をしない）指示をして、あなたが断るとこういうでしょう。「へえ、断るんだ。じゃあ君は今この瞬間にクビだ。荷物をまとめて…（以下同じなので省略）」。

いずれもひどい話です。いずれもひどい社長だし、あなたの人権は完全にないがしろにされています。ですが労働法がない世界では実際にこのようなことがあり得るということです。社長がひどいと労働基準監督署に訴えますか？　裁判を起こしますか？　同僚たちと一緒にストライキに打って出ますか？　いずれも何の意味もない、というか監督署は存在しないし、ストライキをすれば「営業妨害」として罰を受けるのはストライキをした側でしょう、だって「労働法自体がない」んだから。

なお、ここまでのやりとりはかなり単純化したものです。仮に労働法がなくても、あなたが「唯一無二のスキル」を持っており、会社にしてみれば喉から手が出るほど欲しい人材なのであれば、会社は（社長は）

あなたに無理難題をふっかけることなく、あなたを搾取しようとも思わず、よい労働条件を示して高給を払うでしょう。また、もし「労働者側の超売り手市場」つまり労働者の絶対数が足りず、何が何でも一定数の労働者を確保する必要があるような場合には、労働者は全体として大事にされるでしょう。

ですがそういった条件が成り立たない限りは、労働法がない世界ではここまでに見てきたようなことが実際に起こり得ます。なぜなら「労働者よりも使用者（会社、社長）の方が立場が強い」からです。

なぜか？ それは「あなたにとって自分の代わりはいないが（↑当たり前です）、多くの労働者を雇う使用者にとってあなたの代わりはいくらでもいる」「使用者が新しい労働者を雇うのは、労働者が新しい使用者に雇用されるより容易である」ことが多いからです。あなたがクビになるかどうかはあなたにとっては本当に死活問題ですが、使用者側にとってはほとんどの場合あなたをクビにしようが新しい人を雇えばいいだけなので痛くもかゆくもない、ということです（逆にいえば、先ほど述べたような「あなたが唯一無二のスキルを持っている」「人手不足で労働者を新たに雇うのが難しい」といった「新たな労働者を単に雇えばよい」というのが難しい場面であれば、「労働者よりも使用者の方が立場が強い」とはいえないというわけです）。

さらに付け加えると、労働者であるあなたの生活・運命はほぼ会社（使用者）次第で決まります。この点が、たとえば他人に発注を受ける自営業者との違いです。自営業者はある会社と関係がこじれても他の会社からの発注に切り替えられることが多いですが、労働者はほとんどの場合そうではない。労働者が属する会社（使用者）だけが、労働者の生殺与奪を完全に握っているのです。

大根を売ったり買ったりする場面では、大根をいくらで売ろうとも、またそれを誰が買おうとも（買わないのも）自由でしたし、売れ残りが生じたところでそれほど大きな問題はない。ですがこれと同じ自由市場のルールを使用者と労働者に当てはめてみると、たいていの場合は労働者側に一方的に不利な結果となってしまう。使用者が「お金を払わない（買わない）」と言ったり、値切ったり（賃金を引き下げたり）すると、労働者という「人間」の暮らし・人生に直接響いてくる。「1本の大根が売れ残りました」という場面と「1人の労働者が急にクビになったので、その家族が飢えています」という場面で問題の大きさ（あるいは問題点それ自体）が異なるのは明らかです。

立場の弱い、かつ1人の人間である労働者が不当な扱いを受けるという事態は社会正義に反しますし、社会の多数を占める労働者が一部の使用者に搾取されているという状況は持続可能な社会の在り方でもないので、労働者と使用者の立場をより対等なものとすべく、労働法というものをつくったのです。それにより最低限の労働基準や必要な手続き（労働者に労働条件を書面で示すこと等）、また労働組合の行動などのルールが規律されています。

労働法が必要な理由を簡単に述べてきましたが、実は「労使の立場をできる限り対等なものにする」ということだけが労働法の存在理由ではありません（理由の大部分ではありますが）。労使が対等になるだけでは、たとえば「女性は出産するかもしれない、結婚して夫の転勤についていくことになるかもしれないから、女性を採用するのはやめよう」といった使用者の女性差別（男性労働者を比較的優遇し、女性労働者を比較的不利に扱うこと）を防ぐことはできません。また、失業者（労働者でなくなった方々など）が労働法の枠外に置かれてしまえば、社会として彼らに職業訓練を行う機会が少なくなり、結果として彼ら彼女らの労働力を誰も活用できないことになって社会全体としても損をするでしょう。こういった場面でも人々の権利が守られ、またよりよい社会となるように、労働法の出番があるのです。

さて1点付言しておきます。「仮に労働法がなかったら」の部分で、何人かひどい社長が出てきました。これらの例は「現実にはあり得ない、単なる思考実験」というわけではありません。まあ1人目の「庭の掃除をやってくれ」という社長は今の日本ではめったにいないでしょうが、2人目でみたような「(違法に)人件費を引き下げ、製品やサービスの価格を下げることで市場競争力を確保する戦略を採る会社」が、労働法があるにもかかわらず日本で現に存在しています。「労働者の長期的な雇用など最初から考えておらず、人件費を下げるために労働者を酷使して使い捨てする戦略の会社」です。何企業ですか?

そのとおり、これがいわゆるブラック企業です。皆さんも、就職した会社がブラック企業だったということもあり得るので是非気をつけてくださいね。なお、いわゆるブラック企業にはもちろん様々な態様のものがあり得ます(法的に「ブラック企業」という定義があるわけではありませんし)。

法律とは何か

次に「では労働法とは何か」を説明したいところですが、本書は法学部生向けではないので、先に「そもそも法律とは何か」「なぜ法律というものが必要になるのか」を少し説明します。

そのためには、労働法とはあまり関係ありませんし、やや古くなりますが、民泊(みんぱく)の例がわかりやすいと思います。民泊については2018年6月にいわゆる民泊新法(正式名称は住宅民宿事業法)が施行されていますが、その新法の前の状況から説明を始めます。

「自分の住宅を連日、見ず知らずの他人に次々と貸す」などということはほとんどの人がまったく想像もしたことがありませんでしたが、突如としてそういったサービスを提供する会社が現れました。言わずと知れたAirbnb（エアビーアンドビー）です。これにより、使っていない住宅を宿泊施設として提供したい側（住宅の持ち主等）とその住宅を宿泊施設として使いたい側（典型的にはホテルより宿泊費を安くすませたいと考える旅行客）のマッチングが可能となったわけです。宿泊客の側は、貸し手が設定した金額を受け入れ、その金額を支払って宿泊するというシステムです。

このように、民泊とは「旅行者等を短期的・一時的に自分の家（自宅）に泊めるサービスを提供すること」です。この民泊を推進する側の言い分は以下のとおりです。

○自分の家をどう使おうが自分の自由。自分の家に誰が泊まろうが、他人にとやかく言われる筋合いはないでしょ？

○客の側も、こちらが設定した金額を払って泊まりたいと言っているのだから、誰も損していませんよね。

○自宅には親類や恋人や友人を泊めることがありますね。泊めたお礼に菓子折りを受け取ることもあるでしょう。特に宿泊が長期にわたった場合など、お礼の現金を受け取ることもあるかもしれない。こういったことを法で禁止するとか、違反に対して罰則をかけるなどということはあり得ないことです。だったら民泊も規制できないですよね。

これらはいずれも、特に違和感のない主張でしょう。自分の家の使い方は自由に決める、客もお金を払って泊まりたいと言っている、そして現に自宅に親類や友人を泊めることに何ら問題もない。そのとおりですよね。民泊を積極的に（できれば自由に）行いたい側の主張に特におかしい点はない。このことはおわかりいただけたでしょう。ではなぜ民泊を規制する必要があったのでしょうか？

ふつう住宅に住む人は、そこに長期間——少なくとも一定程度の期間——住むはずなので、たとえば夜中に大騒ぎしないなど近隣住民との無用なトラブルは避ける傾向にあり、だからこそ住宅街の秩序が保たれるわけです。ところがその家に一泊しかしない旅行客にとってはそんなことは知ったことではありません。また旅行客（とりわけ外国人旅行客）にとって、その地域のやり方に従ったゴミの分別などほとんど不可能です（ルールを知りもしないし、仮に知ったとしてもそのルールを守るメリットがありません）。民泊についてのルールが必要になった背景には、こういった「住宅街の秩序が破られる」ことで近隣住民が迷惑をこうむったことなどもあったのですが、ここでは特にある1つの観点から、その必要性を考えてみたいと思います。その観点とは「既存のホテル・旅館」です。

既存のホテル・旅館には「旅館業法」（と建築基準法の関係部分）の適用があり、非常時における宿泊客の安全確保等の観点から「フロントの設置」「直通階段の設置」「客室と直通階段までの距離」「排煙施設の設置」といった様々な規制がかかっています。ホテル・旅館側の主張は次のとおりです。

○こちらはコストをかけて、宿泊客の安全ほかのための規制を守ってきた。そこに突然、規制を逃れた「民泊」などというものが参入してくると、民泊はそのコストを負担する必要がないため競争条件が民泊に有利となり不公平、不合理。
○特に、ホテルなのに「民泊」という名前の新しい建物を建てれば、規制が逃れられるじゃないか。
○そのような宿泊施設が許されるということは、え、何、我々ホテル・旅館は「不必要な規制」に従ってきたということですか？　そうではなく、宿泊客の安全のために必要な規制なんでしょう？　だったらその必要な規制を新しい形態の宿泊施設にもかけてくださいよ。

これらの主張にも特に違和感はないと思います。なるほど、わかる。確かにそうだと思う。

ですが、先ほどは「民泊は自由に行いたい側」の主張も理解できるものでした。今は「民泊に規制をかけるべきという側」の主張も理解できる。これら2つは対立する意見であるにもかかわらず、です。

このように見てみると、この対立する2つの意見は、「片方が正しい。もう片方は誤り」というものではないということがわかってきます。2つの意見はそれぞれの観点から正しいものであり、なぜ意見が違うかというとそれは「立場が違うから」です。このように、異なる立場、またその異なる立場から生じる異なる意見・異なる利益を調整するのが法律なのです！

では、民泊の例で、この2つの異なる立場・意見・利害が民泊新法でどのように調整されたか？

○民泊として提供される家（部屋）は、「居住要件」（現に人の生活の本拠として利用されている、等）を満たす必要がある。要するに「民泊専用の新築投資用マンションはこれに該当しない」ということ。

○民泊サービスを提供できる日数の上限は年間180日まで。

これらの規制をかけることで、ホテル・旅館側の懸念を払拭したわけです。ホテル・旅館側は（民泊のような新しい競合が出てこない方がよいでしょうが、そこは時代の流れだから仕方ないとすると）この規制がかかることである程度ハッピーです。

一方で民泊を提供する側（自宅を保有する側）は新たにこの規制に従わなければならなくなりました。これは「自宅がまったく自由に使えるわけではなくなった」ことを意味します。法律的に言えば、自宅という自分の財産の使途を規制する財産権の制約にほかなりません。どうしてこのような制約を課すことが可能なのでしょうか？

その答えは、トートロジー的ですが「法律だから」です。もう少しいうと、「法律によることで（憲法の範囲内で）権利の制約が可能となるのが、日本のような法治国家である」ということです。

ではそもそも法律とは何か、定義しておきましょう。①公正な選挙によって選ばれた②国民の代表（国会議員）で構成される③国の議会（日本では国会）で可決されて成立するものです。個々人の人権を制約すること、場合によっては違反に対する罰則を科すといったことも可能とするために、このような手続きを踏んでいるのです。

なお、私の説明はかなり大ざっぱなものです。そもそも「異なる利益を調整すること」だけが法律の役割ではありません。より詳細に「法律とは何か」を学びたい方は、法律学の基本的な教科書などを読んでいただければと思います。

労働法とは何か

ここからはいよいよ「労働法とは何か」について見ていきましょう。

より具体的にはこういう問いです。先ほど「異なる立場、またその異なる立場から生じる異なる意見・異なる利益を調整するのが法律」だと述べました。では労働法は、どのような異なる立場・異なる利益を調整しているのでしょうか？　誰と誰が異なる利益を持っているのか？

その答えは、労使、すなわち労働者と使用者です。労働者と使用者の法律上の定義は追って確認しますが、簡潔に説明すると、労働者とは会社に雇われて給料をもらう人々であり、使用者とは労働者を雇って給料を払う側、つまり経営者（事業主ともいいます）のことです。

ごく単純化すると、それぞれの利益や立場は次のようなものです。

使用者：なるべく安価に、使い勝手のいい労働者をこちらが決めた条件で自由に雇いたいし、有能でない（又は方向性が合わない等の）労働者は速やかに解雇したい。このようにできればこそ、様々な事業またイノベーションが生まれ、生産性の高い新たな企業がどんどん増えて日本社会が豊かになることで、結果的に国民も豊かになるのだ。

労働者：会社が生み出した利益ないし付加価値は結局のところ労働者が生み出したのだから、その大半が労働者に分配されなければならない。労働者が人間らしい生活ができるよう、よい労働条件・きちんとした処遇が義務付けられることが必要。自分の生活の見通しを立てるために、雇用が保障される必要がある。このように国民の大きな部分を占める労働者が豊かになることで、国全体の消費が増え、経済もよくなるのだ。

いずれの立場も単に自分たちだけにメリットがある身勝手な考えを述べているのではなく「こうした方が社会としても得をするのだ」と主張していることに留意いただければと思います。労働法はこれら2つの立場・利害を調整しているのです。その考え方の根本は、「労働法はなぜ必要か」において述べたとおり「そもそも労働者は使用者に比べて立場・交渉力が弱い。よって、当事者同士が自由に交渉することとすると、労働者に不利な決着となりやすい（労働者が使用者に搾取される結果となりやすい）」というものです。実際にたとえば産業革命直後で各種労働法の制定前のイギリスでは労働者たちは低賃金で劣悪な労働環境の下で酷使されていましたが、これは何も奴隷のように強制されていたわけではなく、「自分の代わりはいくらでもいる」という状況では労働者側がそのような労働条件を受け入れざるを得なかった（そうでなければ生活の糧が得られなかった）のです。先ほど「もし労働法がなく、労働の場面を規律するのが自由市場のルールだったら何が起きるか」を考えましたが、そこで見たようなことが現に起きた歴史があるわけです。「立場の弱い者がそれゆえに一方的に搾取される」という状況は社会正義に反するので、使用者側の経営の自由を過度に束縛しないという前提の下で労働法が「労使の交渉力がより対等なものとなるよう」様々な規制をかけているのです。つまり労働法により「使用者側に様々な規制がかけられ、労働者側に様々な権利が認められる」というのが基本的な構造です。これは後にも出てきますので覚えておいてください。ただ、使用者に対する規制が強すぎて誰も会社の経営なんかやってられないよという状況になると、雇用自体が失われて結局労働者も損をします。よって、先ほどみたとおり使用者に対する規制は「使用者側の経営の自由を過度に束縛しない程度に」という条件が入ります。この点が「労働者と使用者の利害を調整している」の意味するところです。

これが労働法の基本構造ですが、「民法」や「健康保険法」のように「労働法」という1つの法律があるわけではありません。労働条件や労使関係等を規律し労働者や使用者の権利や義務について定める法律をまとめて「労働法」と総称しています。

より具体的にみると、労働法を3つの分野に分けて考えるのが一般的です。個別の労働者の労働条件等を定める個別的労働関係法、労働者が組織した労働組合と使用者側との関係を規律した集団的労働関係法、そして労働者（またこれから労働者となる人。失業者等も含む）に対して適切な雇用が確保されるためのルールを規律する労働市場法（雇用保障法ともいう）の3つです。これら3つも、個別の法律名ではなく一般名称であることに注意してください。

では、どのような個別の法律がそれぞれの分野に含まれているのか、代表例は以下のとおりです。色を付したものがその中で特に基本的な法律です。なお、集団的労働関係法については、示しているのは代表例ではありません（その2つの法律だけで構成されています）。

個別的労働関係法：労働基準法、最低賃金法、労働安全衛生法、労災保険法、労働契約法、労働者派遣法、男女雇用機会均等法　等

集団的労働関係法：労働組合法、労働関係調整法

労働市場法：労働施策総合推進法、職業安定法、雇用保険法、職業能力開発促進法、高年齢者雇用安定法、障害者雇用促進法　等

なお、この最後の「労働市場法」については、紙幅の都合上、本書では取り上げることがほとんどできません。ご興味ある方は、より詳細な労働法の教科書等を参照いただければと思います。

労働法における「利害調整」の例

では労働法において、労使（労働者と使用者）の利害を実際にどのように調整しているのでしょうか。年次有給休暇がそのわかりやすい例だと思います。

後ほど5章で詳細を解説するのでここではさわりだけ。6か月以上勤務した労働者は年次有給休暇を取得する権利を得ます。年次有給休暇（有休）とは、「明日1日休みます」といった休暇で、少なくとも一定日

数までは会社は有給としなければならない、つまり休んでいて仕事をしていないにもかかわらずその間の給料を（勤務して仕事にあたった場合と同様に）払わなければならないことになっていますが、この年次有給休暇については次のような規定があります。

〇労働基準法
（年次有給休暇）
39条① 使用者は、その雇入れの日から起算して6箇月間継続勤務し全労働日の8割以上出勤した労働者に対して、継続し、又は分割した10労働日の有給休暇を与えなければならない。
⑤ 使用者は、前各項の規定による有給休暇を労働者の請求する時季に与えなければならない。ただし、請求された時季に有給休暇を与えることが事業の正常な運営を妨げる場合においては、他の時季にこれを与えることができる。
［他の項　略］

この5項（⑤のこと）の「時季」とは労働者が日を指定すればその日だと解釈されているので、5項で言っていることは、基本的には使用者は労働者が取りたいと言った日に有休を与えなければならないけれども、その日に有休を取らせたら「事業の正常な運営を妨げる場合」つまり仕事によほど大きな支障があれば他の日にしていいよということです。

これこそが「好きな日に有給休暇を取りたい労働者の利益」と「経営に支障がないようにしたい経営者の利益」を調整した規定の例です。

一方で、育児休業つまりごく簡単にいえば「子どもが生まれたら父親であれ母親であれ子どもが1歳になるまで休業することができる」という制度がありますが（これも詳細は後に見ます）、育児介護休業法においては「業務上可能な場合は取得できる」といったことが書かれておらず、単に「労働者は（この期間に）育児休業を取得できる」という規定があるだけです。だとすると、仕事がどんなに忙しくても、会社に何か非常事態が生じて全員が徹夜で対応しなければならないような時であっても、労働者には育児休業を取得する権利があるということです。果たしてこれで本当に関係者（労働者と使用者）の利害が調整されたと言えるのでしょうか。一方的に労働者の保護に偏っただけなのではないでしょうか。

なぜ労使の利害を調整する規定がないのでしょうか。「子どもはいつ生まれるかわからないから」というのは答えになりません。いつ生まれるかわからなくても、その時の育児休業の必要性と事業運営の支障とがどちらが大きいか、考慮して判断することは可能です。「育休が取れないということになったら、生まれての子どもの面倒を見る人がいなくなるじゃないか」というのも法律に規定がない理由になりません。法律で「他に面倒を見る人がいる場合」「子どもの健やかな成長に支障が生じない場合」であって事業運営の支障が大きい場合には育児休業を与えなくてよいと規定すればすむ話です。

ではなぜ、そのような規定が置かれていないのか？　この点は実は非常に重要です。私は大学の授業でも力を込めてお伝えさせていただきました。

育児休業にこのような利害調整規定が置かれていないのは、法の欠陥や国会の失敗などではなく、「調整規定を置く必要がないから」、より正確には「調整規定を置く必要がないと、国民の代表で構成される国会が判断したから」です。どういうことか？　こういうことです。

育児休業を取得するという権利と、経営者の事情とはすでに比較考量・利害調整ずみ。すなわち、事業の支障等よりも労働者の育休取得の権利が常に優先する、そういう社会でなければならないと国会で判断ずみである。

だからこそ年次有給休暇のような調整規定が置かれていないのです。そしてすでに国会で判断ずみである以上、「法律では育休がいつでも取れるとなっているかもしれないけど、そこはそれぞれの会社の個別の事情も考えないと」「現実にうちの会社で育休を取るなんて無理だよ」などという論理が成立する余地はないのです。はっきり言えば、「法律に規定された権利を労働者が行使するのに支障があるような会社は、速やかに市場から退場してもらって（極論すればつぶれてもらって）構わない」ということです。これは何も育休に限らず、労働時間や賃金、解雇規制ほか、すべての労働法規制についてそうです。

「法律ではこう規定されているけど、そんな理想論、現実には無理だよね。守らなくていいよ」ということは、とりわけ強行法規（労働時間や最低賃金の規制等、当事者が別の合意をしてもそれを覆して優先される法令）の場合ではあり得ないのです。このことはよく理解していただきたいと思います。

労働法はどのように策定される？

ではここまで見てきた労働法はどのような手順を踏んで策定されるのでしょうか？　労使の利害・考えが対立する中で、どうすれば「一方にとってのみ有利」にならないルールを作ることができるのか？

労働法は、たまに例外もありますが基本的には次のような手順で策定されます。

①厚生労働省に置かれた「労働政策審議会」で議論

②その議論を踏まえて政府として法案を作成、閣議決定して国会に提出

③国会（衆議院と参議院の両方）で議論、必要があれば修正のうえ、可決成立

順にみていきましょう。

まず①です。厚生労働省には有識者等によって構成される様々な審議会が置かれていますが、そのうちの1つが労働政策審議会です。「労働条件分科会」「安全衛生分科会」「職業安定分科会」、また「労災保険部会」や「雇用保険部会」等、労働政策審議会の下に数々の分科会・部会が置かれており、ここで労働政策を幅広く議論しています。最大の特徴は「公労使の三者構成」「労使同数」であることです。労使は労働者と使用者のことであり、労働組合の団体や使用者（経営者）団体の代表等で構成されていますが、ここで「公」とは「公益代表」、具体的には学者などの研究者や弁護士、また普段から様々な立場の声を聞いているマスコミ関係者などです。

労働政策審議会ではなぜ労使が同数になっているのでしょうか？　仮に、労働政策審議会が労働者代表7名、使用者代表3名、公益代表5名で構成されているとしましょう。そこで議論すれば、労働者と使用者のどちらの意見が通りやすいか？　言うまでもありません。労働者代表の方が使用者代表より多いのですから、仮に全員が同じ時間発言したとすると労働者側の意見陳述が長くなりますし、多数決を採れば人数の多い労働者側が有利に決まっています。このようにして進む議論はフェアではないので、労使を同数にして、より

公正な結論が導かれるように配慮しているのです。なお、厚生労働省のホームページにも記述があるとおり「国際労働機関（ＩＬＯ）の諸条約においても、雇用政策について、労使同数参加の審議会を通じて政策決定を行うべき旨が規定され」ており、これは国際的なスタンダードであるといえます。

次に②です。労働政策審議会での議論を踏まえ、政府において（ほとんどの場合は厚生労働省が中心となって、内閣法制局とも調整して）法案を作成します。「議論を踏まえ」と書きましたが、同数の労使を含めた審議会で出された結論が尊重されるのが通例であり、たいていの場合はそこでの結論を「そのまま法案の条文に落とし込む」という作業になります。もっとも、他の省庁等と調整した結果として修正を加えることがあります（し、詳細には立ち入れませんが与党プロセスで修正されることもあります）が、いずれにせよ政府内部（全省庁）で調整ずみのものを閣議決定し、政府提出法案として国会に提出します。

さてまったく余談ですがトリビア的に。内閣法制局は「その法律案がいいか悪いか、望ましいか否か」は審査しません。内閣法制局の審査とは「法案が憲法違反でないか」「他の法律と矛盾がないか」という観点から行われるものです。「政策は各府省で決める。内閣法制局に政策の良し悪しについて口を出されるいわれはない」ということです。

最後に③。法律はすべて、国会における審議を経て、国会の（賛成多数による）可決があって成立します。「法律とは何か」でもみたとおり国会は国民全体の代表から成っており、何が真に国民の利益になるかを議論するところです。具体的には国会議員には関係者の声が届きますし、特にその法案に利害関係を有する国民や団体は積極的に国会議員に接触することになります（これが「ロビイング」です）。そういった声を無視した国会議員は次の選挙でそれら国民や団体の票を失うことになりかねないので、なるべく彼らの希望をかなえようと努力します。このようにして国民の声が政策（この場合は新たな立法）に反映されるというわけです。国会において可決されれば、法律が成立します。法案が修正されたうえで可決されることもありますし、国会の賛成多数が得られない時には法律として成立しないこともあります。

このようにして労働法ができあがります。なお、首相官邸主導で法案が作成される、あるいは議員立法が行われるといったこともあり、このような場合はこれまで述べてきたことと異なり労働政策審議会が関与しません（厚生労働省自体の関与が薄いか、ほとんどないこともあります）。

「判例法理」について

実は労働関係の場面ではこの後でみる「判例法理」、つまり裁判所による判決の積み重ねによって形成されたルールも重要になっています。本書でもこの後「最高裁がこういう判決を出した。つまりこういうルールに従わなければならないのだ」といった説明がしばしば出てきます。

たとえば解雇について。「日本では正規雇用の労働者を解雇することは極めて困難、むしろほとんど不可能」であるといわれます。しかしこのルールはもともとはどの法律にも規定がなく、「判例法理」によって形づくられたものです。これは「解雇権濫用法理」と呼ばれ、現在はこれが明文化されて労働契約法16条に規定があります。

しかし、裁判所の判決は「個別の事件」について出されるものです。ある個別の事件で「この場合はこういう理由で使用者の言い分を認める」「このような場合はこうだから労働者の言うとおり」というのが判決であるのに、なぜそれが判例法理という一般的なルールになるのでしょうか。

それは「似たような事例であれば、裁判所は過去の判例と同様の判断をするだろう」と人々が予想するからです。これまでの判例と異なる行動をし、裁判所に訴えられれば負ける公算が高い。その場合は莫大なお金と時間を損することになる。それを避けるために、最初から判例に従った行動を取る方がよい。こうして判例によるルールすなわち判例法が成立するのです。

重要なポイントは、「様々な事情により法の明文がなかった点について、裁判所が正義にかなうルールを当然に宣言した・明示したもの」、あるいは「もともと日本社会ではそうだった。裁判所は単にそれに従って判断した」ことが多いということです。たとえば先ほど挙げた解雇権濫用法理もそうです。労働者の解雇が日常茶飯事だった中で、裁判所がある日突然「使用者による解雇は極めて困難ということにしよう」と言い出し、それにより日本社会は大混乱に陥った、というわけではありません。もともと一般に日本社会で「使用者の一存で自由に解雇するとかあり得ないでしょ」と思われていたし、法令上の条文がなかったとしてもそういう暗黙のルールで運営されていた。最高裁も含めて裁判所がその暗黙のルールを判決にした、というのが実情に近いです。仮に今もし最高裁がたとえば「労働者の自発的な退職はきわめて困難」という判決（いわば「退職権濫用法理」）を出したとすると、そういった前提を誰も持っていない日本社会は直ちに大混乱に陥ります。それとは違うということです。

「使用者」目線と「労働者」目線・その1

本書を読んでいる方の多くは、就活を控えた学生さんも含めてどちらかというと労働者の立場の方ではないかと思います。経営者の方々、会社の人事部に属している方、また起業しようとしている方もいらっしゃるかもしれませんね。皆さんにお伝えしたいことは「労働法や労働政策は、労働者の側と使用者（経営者）の側との両方の観点から見ることが非常に重要である」ということです。

そこで皆さんには、

① 労働者としては、どんな会社に勤めてどのように働きたいか（どんな職種でどれくらいの労働時間でどれくらいの給料をもらって、勤務地は。30歳、40歳、50歳の時はどうか）

② 使用者・経営者としては、何をする会社を立ち上げたいか

の両方を、労働法のより深い理解のために考えておいていただきたいと思います。

①は、現在労働者であったり、就活を考えていたりする方ならそのまま自分の人生のイメージです。経営者側の立場の方や起業等の予定の方については、「仮に就職するなら・労働者として雇われるなら」と考えてみてください。たとえば経営する会社が倒産してしまって、45歳で労働者として仕事をせざるを得なくなった、というように。

②の立ち上げたい会社は、現実的でなくてもまったく構いませんが、できる限り具体的に「何をしてお金を得るのか」「誰がそのお金を払うのか（どこにどれだけ顧客がいるのか）」を考えてください。具体的に考えてみると、起業しても普通はそんなに儲からないです。その儲からない会社を経営し、そして人を雇う時に何を考えるか、ということをリアルにイメージできるようになっていただきたいのです。仮にものすごく儲かっている会社をイメージすると、労働者を雇う際には「破格の条件を示して超優秀な労働者をたくさん集めよう」ということになってしまい、これでは労働法の必要性がわかりづらくなりますので…。

たとえば私の場合だと、（厳密には公務員は労働者とはちょっと違いますが、その違いは無視してよい程度なので）労働者としては今の自分自身の人生です（まあ慶應大学に来たりと、学生の時に思いもよらなかった人生になっていますが…）。こちらは簡単です。

一方で経営者としては、私の希望は（というか妄想では）「ピアノやバイオリンの生演奏があるカフェ」をつくりたい。そのために1号店では音大生をバイトで雇って、おいしい

ケーキとコーヒーを用意して、客からは時間制でお金をとるという形。値段はだいたい1時間800円で、コーヒー・紅茶は飲み放題、ケーキなどは別料金かな。

これで、私の（妄想の）中ではめちゃくちゃ繁盛して、たちまち2号店・3号店と出店して、やがてマクドナルドやスターバックスのように世界を制覇することになる、そして演奏をするプロたち（もはや音大生ではありません）にはものすごく高給を支払い、お客さんもプロの生演奏を十分に堪能できてみんなハッピー、私も大金持ちになれる、のですが、**現実にはそうはならない**でしょうね。ピアノやバイオリンがプロ並みに弾ける音大生のバイトは、時給1000円というわけにはいかないでしょう。まあ1400円として、客が常に（一瞬も途切れることなく）6人いたとして、1時間に4800円。ケーキを食べる客はそれほど多くないのではないか（このシステムでは、飲み放題のものだけ飲んで粘る客が多いのではないか）と思います。バイトを2人雇えば、まあ1人は音大生でない普通のバイトで時給1000円としても、1時間に2400円かかり、4800円から2400円を引いて1時間に2400円しかプラスにならない。ここから店の賃借料とか経費とかを払うわけです。東京の都心なら客が常時6人くらい入るかもしれませんが、そうだとすると賃借料はすごく高い。それに加えて東京では最低賃金が1000円を超えているからバイトを時給1000円では雇えない。まるで儲からないというか、**私の生活費すら出てこない！**

皆さんにも、こういうまったく儲からない事業で人を雇う時にどうするか、ということをリアルに考えていただきたいというのが、経営者として労働者を雇うイメージをしていただく趣旨です。Googleのようなよほど例外的な企業以外、ほとんどの新規事業・スタートアップは現に「まったく儲からない」と考えていただいてよいです。要するに労働者を雇うのは本当に大変なわけで、「海外出張は当然ビジネスクラスでしょ」など**儲かっていない経営者から見れば論外も論外**、こういったことを実感していただきたいと思っています。

そして今後、労働法の各種規制や労働政策の中身を考える時には、その「(40歳や50歳で)労働者である自分」「会社の経営者としての自分」の両方の観点から考えるクセをつけていただきたいと思っています。そうするといろいろなものが見えてくると思います。

特に「儲からない経営者」の目線で見ると、そもそもなぜ日本である種の労働問題が存在するか、その理由がわかってくることもありますよ。

第2章

労働者と使用者って？

「鈴木さんは労働法に詳しいんですよね。」

「まあそこそこね。といっても山本君とは違って私が守られるわけではなくて、私の会社で知らないうちに労働法違反の状態になったりしたら私が捕まりかねないからね。」

「え、鈴木さんって労働法に守られないんですか？」

「経営者は労働者じゃないから、労働法の保護の対象外。」

「働いている人はみんな労働者かと思ってました。」

「違う違う、労働者ってきちんと法律に定義されてて、その定義に入らないと労働者じゃないんだよ。経営者もだけど、あとは個人事業主とかも違うよ。」

「じゃあ、どういう人が労働者として労働法に守られるんですか？」

「大事なポイントだね。これから見ていこう。」

「『基礎をおろそかにすべからず』ですね。」

「それ、ことわざでも何でもないよね？」

資本主義社会で対価を得るということ

ここではまず、日本のような資本主義社会でまっとうに生きていくにはどのような方法があるかを考えましょう。

現代の日本では——日本に限らず、今なおジャングルで暮らしているような一部の原住民族を除くほぼすべての現代社会では——生きていくのにお金が必要です。親から遺産を相続したといった何らかの特別な事情がない限り「働くこと」がお金を獲得する手段です。「仕事はお金のためだけにするものではない」という議論はありますしそのとおりだと私も思いますが、少なくとも「生活の糧（＝お金）を得ることが仕事の目的の1つ」であることは間違いありません。

お金が得られる仕事は、労働者（いわゆる会社員）として働くことだけではありません。農家や漁師ももちろんお金を得ています。自分で儲かる事業を行ってもよいです。少し前に話題になった、企業に属さずカフェなどで作業することによりパソコン1つで稼ぐ「ノマドワーカー」は、一般には「会社などと契約により発注された仕事をして報酬が支払われる」というやり方で働いています。

つまりお金を得るためには様々な手段があるということです。そしてまっとうな手段でお金を得ているということは、他にも使えるお金をそのために喜んで払う誰かがいるということであり、つまり世の中の役に立っているということです（周りに公害をまき散らすといった形で害をなす、いわゆる「外部不経済」に関してはここでは省略します。また今の資本主義社会においては「まっとうでない手段」で堂々というか抜け抜けと、いけしゃあしゃあとお金を得ている会社も少なくなく、日ごろから怒りを覚えていますが、長くなるのでこの点については立ち入りません)。これはとりわけ就職活動をされる大学生の皆さんにお伝えしたいのですが、「会社員になること」だけが答えではない、ということは「就職活動がすべてではない」ということですので、就活に失敗したからといって悲嘆にくれる必要はまったくないわけです。

「労働者」「使用者」とは

見たとおり様々な働き方・稼ぎ方があるわけですが、労働法を説明する本書においてはそれらの中でどうしても「労働者」を念頭に説明していきます。では「労働者」とはいったいどういう人たちか。ごく普通の会社員を思い浮かべてください。どのような働き方で、どのようにお金を得ているか?

「会社員(=労働者)は、会社に属し、会社から指示された仕事を行う」。「それにより会社から給料を支払われる」。一般に労働者とはこのような特徴を持っています。

法律においてはどう定義されているか見てみましょう。

○労働基準法

(定義)

9条 この法律で「労働者」とは、職業の種類を問わず、事業又は事務所(以下「事業」という。)に使用される者で、賃金を支払われる者をいう。

○労働契約法

(定義)

2条① この法律において「労働者」とは、使用者に使用されて労働し、賃金を支払われる者をいう。

○労働組合法
3条　この法律で「労働者」とは、職業の種類を問わず、賃金、給料その他これに準ずる収入によって生活する者をいう。

労働基準法や労働契約法における労働者の定義は、先ほど私が説明した労働者（会社員）の説明とほぼ同じです（なお、労働基準法の逐条解説等でも、労働基準法の労働者と労働契約法の労働者は基本的に違いがないとされています）。一方で労働組合法では「賃金、給料その他これに準ずる収入によって生活する者」とされていて、労働者の定義の中に「事業・使用者に使用される（使用されて労働する）」という文言がありません。これは、労働基準法の労働者でなくても、ある会社に経済的に従属している人々を労働組合法の労働者とすることにより団体を組んで交渉を行うことを認める（すなわち会社との力関係をより対等に近づけることを実現する）趣旨です。よって、具体的にはたとえばある会社からの業務委託のみにより生計を立てている一人親方（フリーランス）等は、労働基準法の労働者ではありませんが労働組合法上は労働者に含まれ得ることになります。

労働基準法と労働契約法上の「労働者」に該当すればその瞬間に労働法（労働基準法以外にもたとえば後で見る労災保険法など）による保護の対象となり、労働者に該当しなければ保護の対象とならないというのが基本です。つまり労働基準法と労働契約法における「労働者」に該当するか否かが労働法の適用を考える場面できわめて重要です。そこでこの「労働者」についてもう少し細かく見てみましょう。

まず「賃金を支払われる者」ですが、この点については以下のように考えられています（なお「賃金」の定義やルールといった詳細は6章で見ます）。

「報酬が「賃金」であるか否かによって「使用従属性」を判断することはできないが、報酬が時間給を基礎として計算される……（等）報酬の性格が使用者の指揮監督の下に一定時間労務を提供していることに対する対価と判断される場合には、「使用従属性」を補強することになる。」（労働基準法研究会報告「労働基準法の『労働者』の判断基準について」（昭和60年12月19日））

つまり、完全出来高払いではなく時給や月給の部分がある、また残業に対して割増賃金が計算されているといった事情があれば、『使用従属性』を補強する」つまり「その者が労働者である公算が高まる」ということです。一方で完全出来高払いの労働者も現に存在するので、この点はあくまで補強要素にすぎないということになります。

次に「使用される者」についてですが、判断基準はざっと次のとおりです。

イ　仕事の依頼、業務従事の指示等に対する諾否の自由の有無

ロ　業務遂行上の指揮監督の有無

　①　業務の内容及び遂行方法に対する指揮命令の有無

　②　使用者の命令等で予定された業務以外に従事する場合は、指揮監督を補強する重要な要素

ハ　拘束性の有無

ニ　代替性の有無（他人で代替されることがないこと）

（労働基準法研究会報告「労働基準法の『労働者』の判断基準について」（昭和60年12月19日））

普通の労働者は上司の指示を断れません（諾否の自由がありません）し、「こういう形で資料をまとめて」と指示をされ（業務遂行上指揮監督され）、勤務時間が決まっており（拘束性があり）、自分の判断でバイトを雇っ

て自分の仕事をやらせることができません（他人に代替させることがありません）。これら1つ1つが労働者性を補強する要素となっていくわけです。これら全部が該当すれば誰が見ても労働者となるわけですが、「この基準のうちいくつかは該当するが、いくつかは該当しない」というケースも多いでしょう。たとえば上司の指示は断れないしやり方も指示されているが、いつやるかは完全に自分の判断だし、指示に従った成果物さえ提出すれば別に他人にやらせることも認められているといったケースです。こういった場合は先ほどの要素を総合判断して、その人が労働者であるか否かを決定するということです。

このように細かい点はいろいろありますが、プロでない皆様は「労働基準法・労働契約法の労働者は、使用従属性の複数の要素を総合判断」「労働組合法上は経済的な従属性があれば労働者と認められ、これは基本的に労働基準法等の労働者より広い概念」とご理解いただければと思います。

次に、使用者とは何でしょうか？

こちらは、「労働者を雇って仕事をさせ、給料を払う者」のことであり、法人たる会社、あるいはその経営者（事業主）、といったものです。法律の定義は次のとおりです。

○労働基準法

10条　この法律で使用者とは、事業主又は事業の経営担当者その他その事業の労働者に関する事項について、事業主のために行為をするすべての者をいう。

○労働契約法

（定義）

2条② この法律において「使用者」とは、その使用する労働者に対して賃金を支払う者をいう。

労働組合法には「使用者」の定義は置かれていません。労働基準法と労働契約法を見てみると、前者では「その事業の労働者に関する事項について、事業主のために行為をするすべての者」とされており、後者より広い範囲の者が該当します。つまり労働基準法においては、法人としての会社や社長だけでなく、大きな意思決定ができる本部長なども使用者に該当し得ます。このように、使用者についても先ほどの労働者と同様、厳密にみれば法律ごとに意味が異なるのですが、本書ではそこまでの厳密な理解は必要ではありません。「労働者を雇って仕事をさせて給料を払う者」といった理解で十分です。ただし、労働組合法上の使用者は「雇っているか否かにかかわらず、先ほど見た労働組合法上の労働者を経済的に従属させている者」と理解しましょう。

「実態に基づく判断」の必要性

労働者とは何か、使用者とは何かについて、法律による定義等を含めて確認してきました。これが現実のどういう場面で問題となるのかについて見てみましょう。

仮にあなたが就職活動をした結果ある会社から内定をもらい、雇用契約（↓詳細は3章で解説します。労働法の規定では「労働契約」と呼びます）を交わした上で晴れてその会社で働き始めたとします。毎日出社し、職場に自分の机があり、たまに指示されて出張に行き、そして毎月決まった日に給料が振り込まれる。残業した分だけきっちり残業代も計算されて払われている。このような場合（後に出てくるので「ケースA」とします）

に、会社が使用者であなたがその労働者であることは誰の目にも明らかであり、この点が争いになることはほぼありません。つまり会社側が「使用者でない」などと主張しても裁判でまず勝ち目はないということです。

問題になるのはたとえば、あなたは独立のノマドワーカーで会社と雇用契約を交わしておらず、正式に採用もされていないが、ある会社からの発注しか受けておらず、その会社の社内で仕事をしている、そしてその会社の偉い人からの頼まれごとは基本断れない、といったような場合です。このような場合、あなたは労働者なのか（たとえば労働基準法の保護の対象になるのか）否か？　会社は使用者なのか（関係労働法の義務がかかるのか）否か？　これはケースＡと異なり、先ほど見た労働者の判断基準に照らしてもかなり曖昧になってきます。どのように判断されるのでしょうか。

労働法に関する場面では、ここで例に挙げたような「労働者／使用者に該当するのか否か」といった場面に限らず、基本的にすべて「実態に基づいて判断」されます。言い換えると「契約の文言等、外形によってのみでは判断されない」ということです。これはなぜでしょうか。

労働法の主な目的は、重要なので先に書いたことを繰り返しますが、「使用者と比較して交渉力が弱い労働者に様々な権利を認め（保護を与え）、使用者側に様々な義務を課すことにより、労使の交渉力を対等に近づけること」です。つまり使用者側は労働法によって様々な義務・規制が課せられる。ということは単純にいえば、使用者にとってはそういった規制から逃れられる方が、より自由であり有利であるということになります。

ここで仮に、使用者であるか否か（労働者に該当するか否か）が実態ではなく契約の文言のみに基づいて判断されるとしましょう。使用者としての義務を逃れたい場合、どういう手があり得るか？　考えてみてください。

たとえば先ほどみたケースA、誰が見ても使用者と労働者という関係かと思いきや、結んだ契約の名前を「請負契約」にし、支払っている（残業代も含めた）給料を「代金」という名前にするだけで、使用者と労働者ではなくなってしまうのです！　このように契約の文言を適当にいじるだけで労働法の適用から逃れられるのでは、労働法の意義が損なわれてしまいます。このように法をかいくぐること（「法の潜脱行為」といいます）を許さないように、実態に基づく判断を行うこととしているのです。

なお、契約の文言がまったく無意味、どのような契約を結ぼうがどうでもいいというわけではありません。契約の文言も実態を判断する1つの、そして多くの場合は重要な要素にはなります。ですがそれがすべてではないということです。

実態に基づく判断の例を、最高裁判所の判決から見てみましょう。これはまさに労働者に該当するか否かの判断です。

> 「……上告人は、業務用機材であるトラックを所有し、自己の危険と計算の下に運送業務に従事していたものである上、D紙業〔引用者註：訴えられた会社〕は、運送という業務の性質上当然に必要とされる運送物品、運送先及び納入時刻の指示をしていた以外には、上告人の業務の遂行に関し、特段の指揮監督を行っていたとはいえず、時間的、場所的な拘束の程度も、一般の従業員と比較してはるかに緩やかであり、上告人がD紙業の指揮監督の下で労務を提供していたと評価するには足りないものといわざるを得ない。そして、報酬の支払方法、公租公課の負担等について

みても、上告人が労働基準法上の労働者に該当すると解するのを相当とする事情はない。そうであれば、上告人は、専属的にD紙業の製品の運送業務に携わっており、同社の運送係の指示を拒否する自由はなかったこと、毎日の始業時刻及び終業時刻は、右運送係の指示内容のいかんによって事実上決定されることになること、右運賃表に定められた運賃は、トラック協会が定める運賃表による運送料よりも1割5分低い額とされていたことなど原審が適法に確定したその余の事実関係を考慮しても、上告人は、労働基準法上の労働者ということはでき（ない）……。」（最高裁第一小法廷判決平成8年11月28日）

この件について最高裁は、雇用契約ではなく契約どおり「請負契約」だった、つまり訴えた側（原告）は労働者には該当しないと判断したわけですが、その判断は「契約にこう書いてあるから」という理由ではなく、まさに様々な事情を考慮した上で実態に基づいて行われているのがおわかりいただけるでしょう。

なお、この判決にも出てきますし一般に判例の中で多用される「……と解するのを相当とする」という表現ですが、日常生活ではほとんど使わないでしょう。「……と解するのが正しい（解釈すべきである）」といった意味です。

繰り返しになりますが、「労働者か否か」といった判断だけでなく労働法に関するあらゆる場面で基本的に「実態に基づいた判断」が行われることになりますので、きちんと理解しておいていただければと思います。一方でこのことは逆から見れば、どうしても個々のケースの判断になるという難点があるということになります。つまり「こうであれば常に労働者」「この条件を満たさなければ労働者には常に該当しない」といった明確な基準をあらかじめ示すこと、それにより当事者が事前に正しい判断を行うことが困難であり、「結局は監督署や裁判所の判断次第だね」となってしまうということです。

ここまで「実態に基づく判断」の重要性と、その裏返しとしての問題点を見てきました。この点については次のように説明した方がわかりやすいかもしれません。「どのように労働法の知識を駆使しようと、またどのように外形や表面を取り繕おうと、使用者が労働法の義務を免れて得をすることはできない。そのために『実態に基づく判断』を行うのだ」と。これは後で「労働時間規制」や「賃金」のところでも見ますが、使用者は基本的には労働者を長く働かせたいし、その時に国が決めた割増賃金など払いたくないのです。しかし、いかに「管理監督者」「高プロ」ほかの概念を駆使したところで、また「彼は労働者ではないです」等の詭弁を弄したところで、結局は義務から逃れられない、そしてそれこそが労働法の基本的なルールなのであり、「実態に基づく判断」はそれを実現する手段なのだということです。

「使用者」目線と「労働者」目線・その2

日本では1章で少し触れたとおり労働者の解雇が難しいという現状があります（詳細は11章で）。その現状を前提にして、皆さんが儲からない経営者である（しかし時間をかけて少しずつ儲かるようになり、そして事業を拡大させていきたい）ときに、どのような正社員をどれくらい雇うでしょうか？　これは正規・非正規労働者の格差の問題を考えるためのよい題材です。

では、私自身がどう考えるかを述べてみます。儲かっていない経営者である（という仮定の）私は、正社員はなるべく雇いたくないし、雇うにしても必要最低限の人数としたい。それら「せっかく雇った正社員」は、なるべく優秀であってほしいし、できれば今後数十年、転職せずにわが社で働いてほしい。そのために、その最低限の人数である正社員とは（お互い何でも言えるような）近い関係を築きたいし、また彼らを会社にとどめておくよう（儲かっていない中で）給料も含め可能な限りよい労働条件で働いてほしいからそのためにコスト（人件費）がある程度かかるのはやむを得ない。そして重要な業務をどんどん任せていきたい。

一方で、特別なスキルが必要ない仕事、我が社固有とはいえない仕事については、別に誰がやってもいいのだからアウトソーシングするなり派遣労働者にやってもらうなりして、とにかくそこのコストを可能な限り圧縮できればそれでよい。

いかがでしょうか？　同様に考える方も少なくないのではないでしょうか。

何が言いたいかというと、このように考えると、経営者側が正社員と非正規社員の待遇格差を設けるのはごく自然な発想だということです。

「自然だから格差があるのは仕方のないことだ。受け入れるべき」と言いたいのではありません。どこかに「何が公平かなど考えもしない悪い人」がいたためにこのような格差が生じたのではない、だから「悪いのは〇〇だ。責任は〇〇にある」などと非難しても何も変わらないということです。

なお、このように「経営者の自然な発想の結果、生じてしまう」格差を放置していると社会としては望ましくない結果が生ずるので、国としては修正する方向です。これは「12章『非正規労働者』はこれまでと違う！」の章で見てみましょう。

第3章

労働条件は何によって決まるの？

「山本君、初任給はいくらくらいになるの?」

「だいたい18万円くらいです。」

「いや、山本君が入る会社の規模とかを考えたら、それたぶん手取りだよ。自分の労働条件をちゃんと知らないでしょう。そもそも労働条件は何によって決まっているか知ってる?」

「まったく知らないです。契約書ですか?」

「まあ間違いではないけどね。では、就業規則に基本給20万円以上と書いてるけど、君はまだ試用期間だから個別の契約で15万円にする、と言われたら?」

「それは受け入れざるを得ないんじゃないですか。まあそもそも就業規則が何かを知りませんけど。」

「ふーむ。じゃあもし『お前なんか時給500円だ!』って言われたら?」

「さすがにそれくらい知ってますよ。最低賃金法違反ですよね。」

「そのとおり。でも労働法のルールとしてはさっきの就業規則も似たようなものだよ。それなりの規模の会社であれば就業規則を定めなければいけなくて、個別の契約で就業規則の水準を下回ることはできない。山本君みたいな無知な労働者ばかりだと、経営者としては『都合よく使い倒そうかな』という誘惑にかられるから、気をつけてね。」

「『最も深刻な病は無知である』ってことですね。」

「至言だね。」

まずは労働契約を締結

会社に採用され、その会社で働き始める場合には、まず会社と労働契約（一般には「雇用契約」とも呼ばれますが、同じものです）を締結します。法律の条文は次のとおりです。

○労働契約法

（労働契約の成立）

6条　労働契約は、労働者が使用者に使用されて労働し、使用者がこれに対して賃金を支払うことについて、労働者及び使用者が合意することによって成立する。

つまり労働者としては「その会社の指示に従って働く（使用される）」こと、会社としては「労働者を使用し、賃金（＝給料）を支払う」ことを約束するわけです。労働契約の締結により、前章でみた「労働者」と「使用者」の関係になるといえます。この「採用」等のプロセスの詳細、また採用前の段階の「内定」「内々定」等については、次の4章で見ましょう。

労働契約法とは

2章でも出てきたこの「労働契約法」は2007年制定の比較的新しい法律ですが、名前のとおり労働契約について（その位置づけや法的効果等について）定めたものであり、本書でこの後も頻出します。この労働契約法とはどのようなものかについてまず確認しておきましょう。

労働契約法の目的は同法1条に規定があります（なお参考まで、ほとんどの法律で第1条が各法律の目的を定めています）。

○労働契約法

（目的）

1条　この法律は、労働者及び使用者の自主的な交渉の下で、労働契約が合意により成立し、又は変更されるという合意の原則その他労働契約に関する基本的事項を定めることにより、合理的な労働条件の決定又は変更が円滑に行われるようにすることを通じて、労働者の保護を図りつつ、個別の労働関係の安定に資することを目的とする。

簡単にまとめれば、労働契約の基本ルールを定めることで、労働者の保護と労働関係の安定を実現するということです。

労働契約法の制定前は、1章で触れたように「判例法理」により様々なルールが形成されていましたが、これは法令のように条文の形になっていなかったわけです。「どこにもまとまっておらず、判例を勉強すればどのようなルールかがわかるけれども、勉強しなければわからない」というのでは非常に不便でした。厚生労働省は「労働契約法のあらまし」というパンフレットで「基本的にそれらの判例法理等を法律の形にしたのが労働契約法だ」と説明しています。

労働条件を決めるのは？

戻りまして、先ほど「会社で働き始める場合はまず会社と労働契約を締結する」と書きました。これにより労働者としての権利（と義務）と使用者としての義務（と権利）が生ずることになります。

では、その労働者がどのような仕事をし、どこで何時間働き、いくらの給料をもらうかなどの労働条件は、何によって決められるのでしょうか？

自由市場では基本的に契約により取引きが行われるので、「労働条件を決定するのは労働契約だ」という答えになりそうですが、労働法の場面では他にもあります。労働基準法等の関係労働法、使用者と労働組合とが締結する労働協約、そして使用者が定める就業規則です。

労働法による労働条件

日本は法治国家です。法律に違反することは認められません。労働の場面でいえば、労働法違反の労働条件は仮に当事者（使用者と労働者など）の合意があっても許されないのです（ここでいう「労働法違反の」とは、厳密にいえば「強行法規である労働法に違反する」という意味です。強行法規の対義語は任意法規で、任意法規は「当事者の合意がなければそのルールは法令に従う。当事者の合意があればその合意が優先する」というものです。労働法の内容は基本的に強行法規だと考えていただいて構いません）。よって、労働基準法や最低賃金法、労働契約法等の規定に違反する労働条件を定めることはできません。

たとえば、ある地域の最低賃金（2023年現在、最低賃金は都道府県ごとに定められています）が時給1000円だとします。この地域で「労働者もそれでいいと言っているから我が社においては時給900円とする」ということはできません。また同じように、時間外労働の割増賃金率は労働基準法37条1項と関係政令において「2割5分以上」と定められています（詳細は6章で再度説明します）が、「ちゃんと労働者の合意をとったから、うちの会社では残業（時間外労働）しても割増賃金なんてないよ」ということは認められないのです。

この「認められない」とはどういう意味でしょうか。つまり「900円の時給といわれた」「割増賃金なんてないといわれた」場合は具体的にはどうなるのでしょうか？

前者の例では「時給1000円」と定めたものと、後者の例では「2割5分の割増賃金」だったものとされ、裁判等で争いになれば、使用者は不足額を過去にさかのぼって全額支払う義務が生じます。簡単にいえば、それぞれの法令では最低基準が定められており、労働契約その他でこの基準に満たない部分は「この基準だったものとする」とされるわけです。

労働基準法は次の規定を置いて、このことを明らかにしています（最低賃金等についても同じです）。

○労働基準法
（この法律違反の契約）
13条 この法律で定める基準に達しない労働条件を定める労働契約は、その部分については無効とする。この場合において、無効となった部分は、この法律で定める基準による。

実際に労働条件を決めるもの

労働法に違反していないことを前提に、労働者の労働条件は何で決められるでしょうか。

理想をいえば、労働条件はすべて新たに締結された労働契約の中に書かれるべきということになるかもしれません。初めて「労働者」と「使用者」という関係が成立した、その際の契約ですべてを明らかにしておくべき、あなたの場合だけに特化した（カスタマイズされた）個別の労働契約が結ばれるべき、という考え方もあり得ます。

しかし、たとえばあなたがある会社に採用される1人目の労働者であるとか、特別な技能を持っていて会社の中でただ1人特別な立場になるといった場合でもない限り、一般には企業は複数の（たいていの場合多数の）労働者を抱えており、同時に採用される者も1人だけでないことも多いでしょう。大企業の新卒採用などは100人単位で行われることも珍しくありません。こういった場合に1人1人にまったく別の労働契約が用意されることは行われていませんし、労働者側も「自分だけに該当する労働条件を個別に合意したい」と思っていることは稀です。

労働契約法には「労働契約は、労働者と使用者とが合意することによって成立」するという旨が（見たような1条にも6条にも）規定されていますが、個別の労働者が使用者と交渉して労働条件を個々に定めるということはそれほど行われていないのです。では現実には労働条件はどのように定められているかというと、労働者は基本的に使用者（会社）が定める労働条件を受け入れる形で、その会社に採用されています。就職活動などを見てもそうでしょう。就職活動（会社から見れば採用活動）の段階で「では私はこれくらいの給料を希望します」「いや、新卒だしそんなには払えないよ」という交渉が行われるのではない。普通はその会社に就職したら給料がいくらくらいもらえるのかも含めどのような労働条件になるのか（ある程度）わかった上で就職活動を行いますし、採用されたら当然にその労働条件の下で働くわけです。この点は再度4章で扱います（なお「採用の際に述べていた労働条件とまったく違う、残業代もろくに払われない」といったことが起きるのが典型的なブラック企業です）。

では会社はどのような手段で労働条件等を定めているのでしょうか？　その答えは「就業規則」です。

就業規則とは

労働者と使用者が合意して締結する労働契約とは異なり、就業規則は使用者（会社）が定めるものです。まずはその部分の条文を見てみましょう。

〇労働基準法
（作成及び届出の義務）
89条　常時10人以上の労働者を使用する使用者は、次に掲げる事項について就業規則を作成し、行政官庁に届け出なければならない。次に掲げる事項を変更した場合においても、同様とする。
［一～十号　略］

この就業規則の性質について、最高裁大法廷が次のような判決を出しています。有名な「秋北バス事件」です。

「元来、「労働条件は、労働者と使用者が、対等の立場において決定すべきものである」（労働基準法2条1項）が、多数の労働者を使用する近代企業においては、労働条件は、経営上の要請に基づき、統一的かつ画一的に決定され、労働者は、経営主体が定める契約内容の定型に従って、附従的に契約を締結せざるを得ない立場に立たされるのが実情であり、この労働条件を定型的に定めた就業規則は、一種の社会的規範としての性質を有するだけでなく、それが合理的な労働条件を定めているものであるかぎり、経営主体と労働者との間の労働条件は、その就業規則によるという事実たる慣習が成立しているものとして、その法的規範性が認められるに至っている（民法92条参照）ものということができる。

〔中略〕……当該事業場の労働者は、就業規則の存在および内容を現実に知っていると否とにかかわらず、また、これに対して個別的に同意を与えたかどうかを問わず、当然に、その適用を受けるものというべきである。」（最高裁大法廷判決昭和43年12月25日）

理由づけは先ほど私が述べたことと同様ですが、最高裁は「就業規則には法的規範性が認められるに至っている」と踏み込んでいます。これは昭和43年（つまり1968年）、今から50年以上前のものですが、現在も生きている、判例変更を受けていない判決です。

そしてこの判例法理が労働契約法に盛り込まれています。項を改めてその条文を見てみましょう。

就業規則の要件と労働契約との関係

就業規則に関する判例法理を踏まえて労働契約法に盛り込まれた条文は次のとおりです。ただしこの条文中、（傍線に加えて）①から④までの数字は説明の都合のため筆者が付したものです。

○労働契約法

7条　労働者及び使用者が労働契約を締結する場合において、使用者が①合理的な労働条件が定められている就業規則を②労働者に周知させていた場合には、③労働契約の内容は、その就業規則で定める労働条件によるものとする。

ただし、④労働契約において、労働者及び使用者が就業規則の内容と異なる労働条件を合意していた部分については、第12条に該当する場合を除き、この限りでない。

順番が前後しますが、まず「③労働契約の内容は、その就業規則で定める労働条件による」が、前の項で述べてきた「労働条件は基本的に就業規則が定める」ということです。ですが労働契約法7条によればそれには要件が2つあります。それが「①合理的な労働条件が定められている（就業規則）」ということと「②労働者に周知させていた場合」ということです。

①について、何が合理的かについては個別の判断です。労働基準法等の法令に違反するような内容のものはもちろん合理的ではありません。後で見ますがたとえば懲戒処分を行う場合は就業規則に記載が必要なのですが、「一度、1秒でも始業時間に遅刻した場合には懲戒解雇とする」という就業規則は（その1秒が会社にとって死活問題である場合などよほど特別な事情がない限り）まず合理的とは認められません。

②については、「労働者が知り得る状態に置くこと」という意味です。会社の誰でも通るところに貼っておくとか、自由に閲覧可能なようにしておくとか、そのようにしていればこの要件を満たします。現代では単に「会社のイントラネットに載せておき、誰でもいつでもアクセスできるようにしている」ところが多いでしょう。労働者が見たいと思っても見られない、見ようとすると手続きがものすごくややこしい、といった場合はこの要件を満たしません。

④はどういうことでしょうか？「第12条に該当する場合を除き」という部分があるので、12条の条文も見てみましょう。

○労働契約法

（就業規則違反の労働契約）

12条　就業規則で定める基準に達しない労働条件を定める労働契約は、その部分については、無効とする。この場合において、無効となった部分は、就業規則で定める基準による。

「就業規則で定める基準に達しない労働条件を定める労働契約」とありますので、たとえば就業規則で時給1500円と書いているのに「あなただけは時給1200円です」と個別の労働契約を結んでもそのような労働契約は（その部分は）無効であり、時給1500円となる、というのが12条の意味です。さきの7条中の④は、「こういった場合を除いて」個別に異なる労働条件を合意していた場合には「この限りでない」つまり就業規則の内容を労働契約の内容とみなさない、ということですので、わかりやすくいうと「就業規則を上回る内容の労働契約を締結した場合は有効」ということです。今の例では、時給1500円と定めている就業規則がある会社で時給1600円の労働契約を結ぶことは可能です。

就業規則はいわば会社による労働条件の宣言です。宣言したにもかかわらず個別にそれを下回るのは許さない、ということです。そうでなければ、使用者がその力関係を利用して、個々の労働者に就業規則より低い労働条件を受け入れさせる（つまり就業規則での労働条件は絵に描いた餅になる）ということが生じるおそれがあります。

そのほか、就業規則を定める場合の手続きや、何を定めなければならないかを見ておきましょう。

○労働基準法

（作成及び届出の義務）

89条 常時10人以上の労働者を使用する使用者は、次に掲げる事項について就業規則を作成し、行政官庁に届け出なければならない。次に掲げる事項を変更した場合においても、同様とする。

一　始業及び終業の時刻、休憩時間、休日、休暇並びに労働者を2組以上に分けて交替に就業させる場合においては就業時転換に関する事項

二　賃金（臨時の賃金等を除く。以下この号において同じ。）の決定、計算及び支払の方法、賃金の締切り及び支払の時期並びに昇給に関する事項

三　退職に関する事項（解雇の事由を含む。）

三の二　退職手当の定めをする場合においては、適用される労働者の範囲、退職手当の決定、計算及び支払の方法並びに退職手当の支払の時期に関する事項

四　臨時の賃金等（退職手当を除く。）及び最低賃金額の定めをする場合においては、これに関する事項

五　労働者に食費、作業用品その他の負担をさせる定めをする場合においては、これに関する事項

六　安全及び衛生に関する定めをする場合においては、これに関する事項

七　職業訓練に関する定めをする場合においては、これに関する事項

八　災害補償及び業務外の傷病扶助に関する定めをする場合においては、これに関する事項

九　表彰及び制裁の定めをする場合においては、その種類及び程度に関する事項

十　前各号に掲げるもののほか、当該事業場の労働者のすべてに適用される定めをする場合においては、これに関する事項

（作成の手続）

90条① 使用者は、就業規則の作成又は変更について、当該事業場に、労働者の過半数で組織する労働組合がある場合においてはその労働組合、労働者の過半数で組織する労働組合がない場合においては労働者の過半数を代表する者の意見を聴かなければならない。

就業の時間や賃金（給料）に関すること等、89条に列挙されている労働条件の基本的な事柄については就

業規則で定めることとされているわけです。そして90条のとおり、就業規則の策定や変更について、従業員の過半数代表の意見を聞かなければならないとされています。

就業規則の変更

就業規則は（労働基準法90条に規定されているとおり過半数組合ないし労働者の過半数代表の意見を聞く必要がありますが）使用者が定めるものなので、少なくとも定めるのと同じ手続きを踏めば使用者が変更できるのは自然でしょう。ですが一方で就業規則は労働者の労働条件を定めているものです。「この労働条件なら大丈夫」と思って働いていたところ、使用者が勝手に就業規則を変更して突然給料が減額になった、などということが認められるとすると、これは労働者にとって非常に不利です。

ではこの点のルールはどうなっているのでしょうか？　労働契約法を見てみましょう。

○労働契約法

（就業規則による労働契約の内容の変更）

9条　使用者は、労働者と合意することなく、就業規則を変更することにより、労働者の不利益に労働契約の内容である労働条件を変更することはできない。ただし、次条の場合は、この限りでない。

10条　使用者が就業規則の変更により労働条件を変更する場合において、変更後の就業規則を労働者に周知させ、かつ、就業規則の変更が、労働者の受ける不利益の程度、労働条件の変更の必要性、変更後の就業規則の内容の相当性、労働組合等との交渉の状況その他の就業規則の変更に係る事情に照らして合理的なものであるときは、労働契約の内容である労働条件は、当該変更後の就業規則に定めるところによるものとする。ただし、労働契約において、労働者及び使用者が就業規則の変更によっては変更されない労働条件として合意していた部分については、第12条に該当する場合を除き、この限りでない。〔12条は、本書51頁を参照〕

この労働契約法の言っていることはつまり、第一に、就業規則を勝手に（合意なく）労働者に不利に変更することはできない、きちんと労働者の合意を取りなさい、ということです（9条。この条文の反対解釈から、労働者に有利に変更する際に労働者の同意は不要と考えられます）。ですが第二に、例外的に10条の要件を満たせば、労働者の合意が取れなかったとしても変更した就業規則が有効になるということです。これで争いになった場合、「就業規則の不利益変更が（諸事情に照らして）合理的だ」ということは使用者側が立証しなくてはなりません。

この判断のために参考となる最高裁判決を2つ挙げておきます。1つ目は、どのような場合に合理的となるかについて。

「新たな就業規則の作成又は変更によって労働者の既得の権利を奪い、労働者に不利益な労働条件を一方的に課することは、原則として許されないが、労働条件の集合的処理、特にその統一的かつ画一的な決定を建前とする就業規則の性質からいって、当該規則条項が合理的なものである限り、個々の労働者において、これに同意しないことを理由として、その適用を拒むことは許されない。そして、右にいう当該規則条項が合理的なものであるとは、当該就業規則の作成又は変更が、その必要性及び内容の両面からみて、それによって労働者が被ることになる不利益の程度を考慮しても、なお当該労使関係における当該条項の法的規範性を是認することができるだけの合理性を有するものであることをいい、特に、賃金、退職金など労働者にとって重要な権利、労働条件に関し実質的な不利益を及ぼす就業規則の作成又は変更については、当該条項が、そのような不利益を労働者に法的に受忍させることを許容することができるだけの高度の必要性に基づいた合理的な内容のものである場合において、その効力を生ずるものというべきである。右の合理性の有無は、具体的には、就業規則の変更によって労働者が被る不利益の程度、使用者側の変更の必要性の内容・程度、変更後の就業規則の内容自体の相当性、代償措置その他関連する他の労働条件の改善状況、労働組合等との交渉の経緯、他の労働組合又は他の従業員の対応、同種事項に関する我が国社会における一般的状況等を総合考慮して判断すべきである。」（最高裁第二小法廷判決平成９年２月28日）

この判決は労働契約法10条で規定されていることと似ていますが、それは当然というかむしろ逆で、この判決も踏まえて労働契約法10条の規定を作ったということです。

２つ目の判決は、労働者の合意についてです。この判決は熱いです。

「労働契約の内容である労働条件は、労働者と使用者との個別の合意によって変更することができるものであり、このことは、就業規則に定められている労働条件を労働者の不利益に変更する場合であっても、その合意に際して就業規則の変更が必要とされることを除き、異なるものではないと解される（労働契約法８条、９条本文参照）。もっとも、使用者が提示した労働条件の変更が賃金や退職金に関するものである場合には、当該変更を受け入れる旨の労働者の行為があるとしても、労働者が使用者に使用されてその指揮命令に服すべき立場に置かれており、自らの意思決定の基礎となる情報を収集する能力にも限界があることに照らせば、当該行為をもって直ちに労働者の同意があったものとみるのは相当でなく、当該変更に対する労働者の同意の有無についての判断は慎重にされるべきである。そうすると、就業規則に定められた賃金や退職金に関する労働条件の変更に対する労働者の同意の有無については、当該変更を受け入れる旨の労働者の行為の有無だけでなく、当該変更により労働者にもたらされる不利益の内容及び程度、労働者により当該行為がされるに至った経緯及びその態様、当該行為に先立つ労働者への情報提供又は説明の内容等に照らして、当該行為が労働者の自由な意思に基づいてされたものと認めるに足りる合理的な理由が客観的に存在するか否かという観点からも、判断されるべきものと解するのが相当である」（最高裁第二小法廷判決平成28年2月19日）

特に賃金といった労働条件の中核部分についての話ですが、「労働者も合意していました。その証拠にここに労働者のサインがあります」というだけでは不十分で、労働者が内容をきちんと理解した上で本当に自由な意思決定として合意したと客観的に認められる必要がある、と述べたのです。要するに「サインはあるけど、普通に考えたらこんな内容でこれだけの説明により労働者が合意するはずがない。つまり説明が不十分だったかウソの説明だったか、あるいは使用者が無理やりサインさせたと推認できる」という判断をすべきだということです。なんて熱い判決なんだ…。さすがは最高裁というにふさわしいと思います。これも「実態に基づく判断」の1つの例です。

使用者による懲戒処分等は就業規則に根拠規定があることが必要とされるなど、就業規則は非常に重要な意味を持つのですが、これについては7章のそれぞれの項目で見ていきましょう。

労働協約の効力

最後に、ここまで説明を省略した労働協約について見ていきましょう。

一言触れたとおり労働協約とは使用者と労働組合とが締結するものです。労働組合については後ほど13章で詳細を説明します。労働組合法には労働協約の定義規定そのものは置かれていませんが、関係する条文があります。

○労働組合法

（目的）

1条①　この法律は、労働者が使用者との交渉において対等の立場に立つことを促進することにより労働者の地位を向上させること、労働者がその労働条件について交渉するために自ら代表者を選出することその他の団体行動を行うために自主的に労働組合を組織し、団結することを擁護すること並びに使用者と労働者との関係を規制する労働協約を締結するための団体交渉をすること及びその手続を助成することを目的とする。

（労働協約の効力の発生）

14条　労働組合と使用者又はその団体との間の労働条件その他に関する労働協約は、書面に作成し、両当事者が署名し、又は記名押印することによってその効力を生ずる。

つまり労働協約とは、労働組合と使用者（団体）による、労働条件その他に関する書面合意のことだといえます。

この労働協約と、労働契約や就業規則との関係はどうなっているのでしょうか。まずは労働契約との関係について、労働組合法に規定があります。

○労働組合法

（基準の効力）

16条　労働協約に定める労働条件その他の労働者の待遇に関する基準に違反する労働契約の部分は、無効とする。この場合において無効となった部分は、基準の定めるところによる。労働契約に定がない部分についても、同様とする。

つまり労働協約と異なる労働契約は無効となるということです。先ほど似た条文を見ましたね。再掲しますので是非見比べてください（傍線を追加しましたが）。

○労働契約法
（就業規則違反の労働契約）
12条　就業規則で定める基準に達しない労働条件を定める労働契約は、その部分については、無効とする。この場合において、無効となった部分は、就業規則で定める基準による。

あれ？　書き方が違いますね。労働組合法は「（労働協約の）基準に違反する労働契約」と、労働契約法は「（就業規則の）基準に達しない……労働契約」と書いています。

もちろんこれらの条文は意図的に書き分けられているのです。先ほど就業規則と労働契約の関係で、就業規則に達しない労働契約は無効だが、就業規則を上回る内容の労働契約は有効である旨を説明しました。ですが労働協約についてはそうではなく、「労働協約を上回る内容の労働契約であっても無効」ということです。いわば、労働組合の集団として合意した労働条件が労働協約であり、個別の組合員の抜け駆けは認めない（これを認めると、労働組合を弱体化させるために使用者側が個別の組合員とそれぞれ異なる労働契約を結び、結果として労働組合内で利害の対立が生じるおそれがある）ということです。

次に労働協約と就業規則との関係はどうでしょうか。労働契約法の規定を見ましょう。

○労働契約法
（法令及び労働協約と就業規則との関係）
13条　就業規則が法令又は労働協約に反する場合には、当該反する部分については、第7条、第10条及び前条の規定は、当該法令又は労働協約の適用を受ける労働者との間の労働契約については、適用しない。

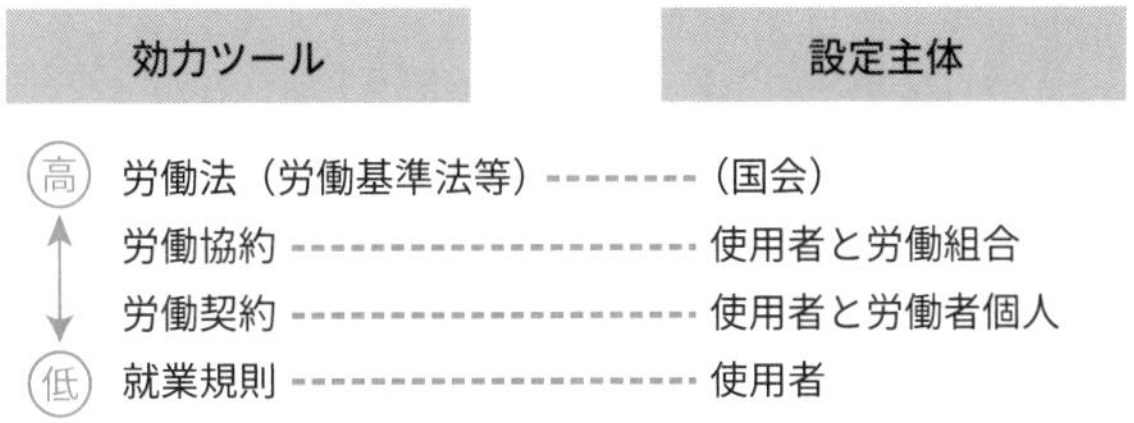

効力ツール		設定主体
高	労働法（労働基準法等）	（国会）
↕	労働協約	使用者と労働組合
	労働契約	使用者と労働者個人
低	就業規則	使用者

（効力が高いものに反するものは無効。ただし、その例外として、就業規則を下回る労働契約は無効であり、就業規則の定めによる。）

出所：向井蘭『労働法のしくみと仕事がわかる本』（日本実業出版社・2019）262頁を元に筆者作成。

［7条ほかについては、本書49頁以下参照］

労働契約法13条により、就業規則が労働協約に反する場合は、その反する部分については、就業規則（7条及び12条）または変更された後の就業規則（10条）が労働者の労働条件を定めることはないということになります。つまり、就業規則と労働協約が異なることを書いている場合には労働協約のとおりとなる（労働協約が優先される）ということです。

法、労働協約、労働契約、そして就業規則の関係

ここまで説明してきたことを、上に簡単に図にまとめておきます。

なお、書籍によっては「労働法↓労働協約↓就業規則↓労働契約」としているものもあります。その場合は、「ただし就業規則を上回る労働契約は有効。就業規則は最低基準効」といった注意書きが付されています。要するに整理の仕方が異なるだけであり、言っていることは同じです。

では、次の章では、採用内定等のプロセスから正式な労働契約の締結（使用者側から見れば採用、労働者側から見れば就職・入社）に至るま

でを見ていきましょう。

第4章

採用される・採用する時には何に気をつけるべき？

「山本君が入る予定の会社から12月に電話がかかってきて『内定を取り消します』と言われたらどうする？」

「それは…まずびっくりして、次に途方に暮れ、しばらく放心状態になります。」

「(笑) その後は？」

「採用活動を続けている会社がないか、とりあえず友達に聞いて回るかな。あと『こういう事情なんですが、雇ってくれませんか？』と鈴木さんにも電話をかけます。」

「えー、山本君かあ…。うちで雇うのは無理かな。」

「ひどい。(笑)」

「でも、つまり改めて就職活動をするということだね。入社予定だった会社と闘おうとは思わない？」

「それは、納得はできないですけど会社が採用はやめると言っているんだから仕方ないいんじゃないですか？」

「まさに山本君のような人は労働法を学ぶ意味があるね。内定取消しなんか簡単に認められないいんだよ。つまり法廷で争えば少なくとも損害賠償は取れる可能性が高い。」

「そうなんですか？」

「労働法がルールを規律しているのは採用の場面でも同じ。『就活生はまだ労働者じゃないから何をしてもいい』ということはないよ。内定や内々定にもルールがあるし、差別なんかは当然ダメ、問題外だね。」

「なるほど。じゃあ前から疑問に思っていたんですけど、新卒一括採用って何なんですか？　というか、どうして新卒の価値が高いんですか？」

「経営者の立場からは、少しでも若い人の方が今後の成長余地が大きいだろうと予測するのは、わかる気がする。私もそう。」

「それって年齢による差別にしか見えないんですが。そんなんだから氷河期世代とかが生まれるんですよ。企業側が反省して改善することはできないんですか？　鈴木さんも経営者の1人として反省してください よ。」

「うぐ…。おっしゃるとおり、採用する側も考えを見直すべき部分はありそうだね。ただ、うちの会社もそんなに余裕があるわけじゃないからなあ…。可能性は少しでも大きい方がいいから…（ごにょごにょ…）。初めて、山本君の指摘にたじたじになってしまった。」

「『窮鼠猫を噛む』ですね。」

「それ、使い方あってる？」

会社は採用に広い裁量がある

まず企業の採用に関して最も基本となる判決を確認しておきましょう。1973年に出された最高裁大法廷判決の抜粋です。この裁判では、採用面接時等に原告（採用された者）が「学生運動に関わらなかった」と虚偽（ウソ）を述べたことを理由に試用期間後に本採用が拒否されたことの有効性が争われました。

「……憲法は、思想、信条の自由や法の下の平等を保障すると同時に、他方、22条、29条等において、財産権の行使、営業その他広く経済活動の自由をも基本的人権として保障している。それゆえ、企業者は、かような経済活動の一環としてする契約締結の自由を有し、自己の営業のために労働者を雇傭するにあたり、いかなる者を雇い入れるか、いかなる条件でこれを雇うかについて、法律その他による特別の制限がない限り、原則として自由にこれを決定することができるのであって、企業者が特定の思想、信条を有する者をそのゆえをもって雇い入れることを拒んでも、それを当然に違法とすることはできないのである。」（最高裁大法廷判決昭和48年12月12日**【三菱樹脂事件】**）

この判決の趣旨は要するに、「法律等による制限がない限り、誰を雇うか否かについて企業側の広い裁量が認められる」ということです。

日本の会社はコミュニティである

これはどうしてでしょうか。どのような考え方が背景にあるのでしょうか。先ほどの判決の続きで、最高裁大法廷は次のように述べています。「……企業における雇傭関係が、単なる物理的労働力の提供の関係を超えて、一種の継続的な人間関係として相互信頼を要請するところが少なくなく、わが国におけるようにいわゆる終身雇傭制が行なわれている社会では一層そうである……」。何を言っているのかというと、「日本の会社はコミュニティである」「日本では『労働者は単に決められた仕事をしてその対価をもらう。以上』ということではなく、会社というコミュニティのメンバーなのだ」ということだと、私としては理解しています。諸外国でも「会社はコミュニティ」という位置づけがないわけではないでしょうが、日本においては特にその傾向が強い。判決文が指摘するとおりです。

この点は非常に重要なので、是非とも覚えておいてください。このように理解すると、なぜ日本の労働法制度や判例法が（この判例に挙げられた点に限らず）現状のようになっているのかの理由がわかりやすい場面が多々あります。

ではそもそも会社がコミュニティであるとはどういうことでしょうか。それは「そこで働く人たちは会社に帰属している」「他のメンバーたちは仲間である」、そして通常は「その関係が長期間続く」ということです。少しずつ変化しつつあるとはいえ、日本の特に大企業ではいまだにこの傾向が強いでしょう（最近よく言われる「メンバーシップ型」と同じ意味です）。

あなたが仮に入社直後の平社員だとします。あなたの仕事は「会社の人事関係の複数の雑務をこなすこと」で、そうしながら人事の仕事の基礎を学ぶことが期待されているとします。ある日、会社の製造ラインで大問題が発生し、上司たちはその問題に対応すべく多忙を極めるようになりました。人事担当の平社員であるあなたは製造ラインで生じた問題とは基本的に関係がありません。その場合にあなたは、自分の仕事が片付いたら「お先に失礼します」とあっさり帰ることができるでしょうか？　「私に何かできることはありませんか？」と聞いてしまいませんでしょうか？

あっさり先に帰る方もいるでしょうが、上司に頼まれる前に自分から「できることはないか」と聞いてしまう方も多いでしょう。また他の場面では、あなたが何らかのミスをして取引先との関係がこじれたり会社のイメージが損なわれたりしたら、あなたは平社員であるにもかかわらずかなりへこむ、落ち込む。逆にいえば、顧客や取引先等、外部の相手方と会う時は、あなたがその会社を代表していると思って責任を持って対応する。これらは、基本的に「会社がコミュニティ」であり、あなたが「そのコミュニティに属する一員」だからです。私はこれが日本人の特性に非常によくマッチしていると思います。会社がコミュニティだから日本人がこんな特性を持つのか、日本人がこのような性質だから会社がコミュニティになったのか、はっきりしたところはわかりませんが、両方が相互に影響し合い、強化し合っているのではないかと思います。

読者の中には、「？　会社で起きた大問題は会社を挙げて対応する。対外的には平社員であれ誰であれその会社を背負う。当たり前じゃないか。質問の意図がわからない」と思われた方もいるかもしれません。しかしこういったことはすべて、全世界の誰もに当てはまる当然のことではまったくありません。私はこれまでアメリカその他の国で「自分の接客態度が自社の売り上げを、また自社のイメージそのものを左右する」などと夢にも思っていない店員たちを見てきました。フライト中にアテンダントを呼んでも全員が「気づかないふりをする」のでいつまで経っても誰も来ないこともありました。彼らはどう見ても、「自分が属する会社に貢献しよう」「自分は会社の一員として客たちに見られているんだ」という意識は希薄、むしろほぼ皆無のようでした。彼らにとって仕事とは「決められたことを最低限こなすこと」であり、それ以上の努力をするのは無駄なことなのだろうと思います。

一方、日本の労働者は、他国よりもっと「会社というコミュニティーのメンバー」として行動しています。事実、日本では、会社は村という地域コミュニティと並ぶコミュニティなのです（島崎謙治氏は『日本の医療』で「カイシャ」と「ムラ」という表現で医療保険制度を説明しています）。

では、「会社がコミュニティ」であれば制度にどういう影響があるのか。まずは解雇から見ていきましょう。

採用時の広い裁量は解雇の困難性の裏返し

解雇については11章で詳しく扱いますが、ここでは「日本では使用者による労働者の解雇は困難」ということだけ押さえておきましょう。皆さんも聞いたことがあるのではないでしょうか。

なぜ解雇が困難か。その理由は、簡単にいえばこれまで述べてきたとおり「日本の会社はコミュニティだから」です。解雇というのは労働者をそのコミュニティから追い出すことにほかなりません。あるメンバーをコミュニティから追い出すという意思決定が、そのコミュニティの長であれ誰であれその一存で簡単に行えるものではないということだと私は解釈しています（本人がコミュニティから抜けるという意思決定は自由でしょう）。

この裏返しとして採用時に使用者側（採用する側）の広い裁量があるのだと考えると筋が通ります。つまり、ひとたび採用してコミュニティのメンバーにしてしまえば、ちょっとやそっとではコミュニティのメンバーたる地位を奪えない（解雇ができない）。だからこそ採用時には、採用するか否かについて広い裁量、広い自由が認められる。コミュニティのメンバーとして迎え入れるか否か、つまり誰を仲間にするか否かを決定する場面で様々なことを考慮に入れて判断することが認められているわけです。

ここでは単純化した説明を行いましたが、「ジョブ型」「メンバーシップ型」という言葉の生みの親である濱口桂一郎氏は、少し古い著作ですが『日本の雇用と労働法』の中で次のように述べられています。

「日本型雇用システムの特徴とされる長期雇用慣行、年功賃金制度及び企業別組合（いわゆる「三種の神器」）は、すべてこの職務の定めのない雇用契約という本質からそのコロラリー（論理的帰結）として導き出されます。」（濱口桂一郎『日本の雇用と労働法』17頁）

濱口氏が言っているのは、「日本の会社はコミュニティ」だからこのような日本型雇用システムがあるのではなく、「職務の定めのない雇用契約」（つまり業務内容があらかじめ限定されておらず、異動命令により違う部署に異動して違う業務を担当することが当然に予定されている雇用契約）だから「会社がコミュニティ」になるのだということです。より正確に理解されたい方は濱口氏の一連の著作をお読みください。

解雇が難しい理由については、11章でもう少し踏み込んだ説明を行います。

現在の取扱いは

この章の冒頭「会社は採用に広い裁量がある」で取り上げた三菱樹脂事件最高裁判決では、採用の際に候補者の思想等を調査しても違法ではないとされました。そしてこの判決は判例変更を受けていません。つまり、通常であれば「現在も生きている」「その理が妥当する」判決であるということです。

しかしながら現在では、厚生労働省が次のような告示を出しています（なお、告示とは「法令に基づき大臣等が定めることとされている基準や指針」だと理解いただければよいです）。告示の題名は、「職業紹介事業者、求人者、労働者の募集を行う者、募集受託者、募集情報等提供事業を行う者、労働者供給事業者、労働者供給を受けようとする者等が均等待遇、労働条件等の明示、求職者等の個人情報の取扱い、職業紹介事業者の責務、募集内容の的確な表示、労働者の募集を行う者等の責務、労働者供給事業者の責務等に関して適切に対処するための指針」です（平成11年労働省告示第141号）。…さすがにちょっと**題名が長すぎ**のように思うので、以下単に平成11年告示と言います。

この平成11年告示では、次のようにされています。

第四　法第5条の4に関する事項（求職者等の個人情報の取扱い）

一　個人情報の収集、保管及び使用

(一)　職業紹介事業者等［引用者註：これに「労働者の募集を行う者」つまり採用活動をする会社が含まれます］は、その業務の目的の範囲内で求職者等の個人情報（一及び二において単に「個人情報」という。）を収集することとし、次に掲げる個人情報を収集してはならないこと。ただし、特別な職業上の必要性が存在することその他業務の目的の達成に必要不可欠であって、収集目的を示して本人から収集する場合はこの限りでないこと。

イ　人種、民族、社会的身分、門地、本籍、出生地その他社会的差別の原因となるおそれのある事項

ロ　思想及び信条

ハ　労働組合への加入状況

［以下略］

つまり、労働者を採用する際には（特別な場合を除いて）思想や信条に関する情報を収集してはならない、ということです。

現在も生きている最高裁判決では思想等の調査を行ってもよく、後から出された厚生労働省の告示では思想の情報を収集するな、とされている。矛盾するようですが、昭和48年（1973年）とは時代が変わり、個人情報保護法の制定などの大きな動きを踏まえて新たに出された告示であり、結論としては、現時点ではこちらに従う必要があるということになります。なお、告示に基づく判断については裁判で争うことが可能ですが、これまでの時代の流れをみれば、仮に争いになれば前述の最高裁判決が判例変更され、告示の内容どおり「採用に際する思想調査は違法」とされる可能性が高いでしょう。

しかし、先ほどみた最高裁判決の他の部分、とりわけ「いかなる者を雇い入れるか、いかなる条件でこれを雇うかについて、法律その他による特別の制限がない限り、原則として自由にこれを決定することができる」という部分は、その理が現在もそのまま妥当すると考えられます。ここでいう「法律による特別の制限」の一例が、男女雇用機会均等法による「男女差別をしてはならない」といった規制です。

親の職業も聞いてはならない！

さて平成11年告示についてもう1点説明しておきます。先ほど引用した部分で、「人種、民族、社会的身分、門地、本籍、出生地その他」の個人情報も「社会的差別の原因となるおそれのある」ために収集してはならないとされています。たとえば、ほとんどの仕事において採用候補者の「本籍地や出生地の、番地以下までの詳細な住所」の情報が採用するか否かを決定するために必要であるとはまったく考えられません。にもかかわらずその情報を収集しているとすると、「企業側に、被差別部落出身者を特定して排除する目的があるのではないか」と疑われても仕方がないでしょう。よって、このような情報の収集自体が告示で禁じられているというわけです。また厚生労働省は「公正な採用選考の基本」として次のとおり公表しています（傍線は引用者）。

「公正な採用選考を行うことは、家族状況や生活環境といった、応募者の適性・能力とは関係ない事柄で採否を決定しないということです。

そのため、応募者の適性・能力に関係のない事柄について、応募用紙に記入させたり、面接で質問することなどによって把握しないようにすることが重要です。これらの事項は採用基準としないつもりでも、把握すれば結果としてどうしても採否決定に影響を与えることになってしまい、就職差別につながるおそれがあります。」

とりわけ銀行や証券会社に「家族構成や年齢、親の職業を詳細に質問された」という話を実際に就活生からよく聞きます。裁判所が告示を違法無効と判断しない限りは、このようなことをすれば告示違反すなわち職業安定法違反となり、損害賠償請求の対象となります。「いや、当社のような固い職業では、どのような親の下で育ってきたかの情報も重要なんだ」という言い訳はつまり「候補者本人ではなく候補者の親の職業その他の事情によって不採用とすることもある」ということを意味しますが、企業側はそのような言い分が世間に対して通るか（ひいては裁判所が「ごもっとも、そのとおりですね」と言って損害賠償請求棄却の判決を出すか）をよく考えて対応される方がよいでしょう。

募集

次に募集についてです。採用を行おうとする者（会社等）は、募集に際して労働条件を明示しなければなりません。法律の条文は次のとおりです。

○職業安定法

（労働条件等の明示）

5条の3① 公共職業安定所、特定地方公共団体及び職業紹介事業者、労働者の募集を行う者及び募集受託者並びに労働者供給事業者は、それぞれ、職業紹介、労働者の募集又は労働者供給に当たり、求職者、募集に応じて労働者になろうとする者又は供給される労働者に対し、その者が従事すべき業務の内容及び賃金、労働時間その他の労働条件を明示しなければならない。

これについて、先の平成11年告示で次のように定められています。

第三　法第5条の3及び法第42条に関する事項（労働条件等の明示及び募集内容の的確な表示）

一　職業紹介事業者等による労働条件等の明示

（三）職業紹介事業者等は、（一）又は（二）により従事すべき業務の内容等を明示するに当たっては、次に掲げるところによらなければならないこと。

イ　明示する従事すべき業務の内容等は、虚偽又は誇大な内容としないこと。

ロ　労働時間に関しては、始業及び終業の時刻、所定労働時間を超える労働の有無、休憩時間、休日等について明示すること。……［略］

ハ　賃金に関しては、賃金形態（月給、日給、時給等の区分）、基本給、定額的に支払われる手当、通勤手当、昇

給に関する事項等について明示すること。……［略］

労働時間や賃金ほかの重要な事項は、募集の際にあらかじめきちんと（誇大広告とすることなく）正しい内容を明示する、ということです。

労働契約締結の際に明示すべき労働条件

いま見たのは「募集に際して」明示すべき労働条件ですが、次に労働契約締結の際、つまり使用者側が実際に採用をした（採用すると決めた）時点で明示すべき労働条件を見ていきましょう。

○労働基準法

（労働条件の明示）

15条① 使用者は、労働契約の締結に際し、労働者に対して賃金、労働時間その他の労働条件を明示しなければならない。この場合において、賃金及び労働時間に関する事項その他の厚生労働省令で定める事項については、厚生労働省令で定める方法により明示しなければならない。

② 前項の規定によって明示された労働条件が事実と相違する場合においては、労働者は、即時に労働契約を解除することができる。

○労働基準法施行規則

5条① 使用者が法第15条第1項前段の規定により労働者に対して明示しなければならない労働条件は、次に掲げるものとする。［略］

一　労働契約の期間に関する事項

一の二　期間の定めのある労働契約を更新する場合の基準に関する事項

一の三　就業の場所及び従事すべき業務に関する事項
二　始業及び終業の時刻、所定労働時間を超える労働の有無、休憩時間、休日、休暇並びに労働者を2組以上に分けて就業させる場合における就業時転換に関する事項
三　賃金（退職手当及び第5号に規定する賃金を除く。以下この号において同じ。）の決定、計算及び支払の方法、賃金の締切り及び支払の時期並びに昇給に関する事項
四　退職に関する事項（解雇の事由を含む。）
四の二　退職手当の定めが適用される労働者の範囲、退職手当の決定、計算及び支払の方法並びに退職手当の支払の時期に関する事項
五　臨時に支払われる賃金（退職手当を除く。）、賞与及び第八条各号に掲げる賃金並びに最低賃金額に関する事項
〔六〜十一号　略〕
④　法第15条第1項後段の厚生労働省令で定める方法は、労働者に対する前項に規定する事項が明らかとなる書面の交付とする。
〔以下略〕

つまり、労働契約の期間、始業・就業時間や休日、賃金などといった、労働基準法施行規則5条1項各号で定められている事項について、書面で労働者に知らせなければならないということです。

こうして労働契約が締結されると、採用された人は晴れて労働者となり、労働法の直接的な保護の対象となることになります。

この次では、契約締結に至るまでのプロセスである、採用内定や内々定について見ていきましょう。特に就活をされている学生の皆さんと新卒採用に当たっている担当者の皆さんに関係が深い内容ですね。

採用内定の法的性質

大学4年生のあなたは就職活動で無事内定をゲットしました。3月には無事大学を卒業し、友人たちと卒業旅行を楽しみました。そのように過ごしていると、3月中旬になってあなたが就職する（はずだった）会社から封書が届きました。開封すると以下の文言が…。「諸般の事情により内定を取り消します。貴殿は弊社に入社できませんし、以後弊社とは何の関係もありませんのでご承知おきください」。

いかがでしょうか？　もう大学も卒業してしまった。あなたが仮に複数の内々定を得ていたとしても、今さらそれらの会社に連絡して4月から（↑あと2週間しかありません）働きたいと伝えたって当然ながら無理です。控えめに言ってもあなたはかなり困った状況に置かれます。

しかし内定とは正式な入社前、つまり「労働契約の締結がまだ行われていない」段階です。契約が締結されていないのだから、内定の取消しはいつでも自由に行われるのでしょうか？　仮に自由なのであれば、このような入社2週間前の内定取消しの場合でも「企業側はおとがめなし、あなたは泣き寝入りするしかない」ということであり、就活生側は非常に不安定な状況に置かれてしまいます。

どう考えるべきか？　これについて判断した判決を見ましょう。判決文自体は長く詳細なので、その要点を筆者が補足しながら引用します。

「……〔採用内定の〕実態は多様であるため……〔その〕法的性質について一義的に論断することは困難……〔であり、〕当該企業の当該年度における採用内定の事実関係に即して……〔その法的性質の検討が必要〕。……〔本件について〕採用内定通知のほかには労働契約締結のための特段の意思表示をすることが予定されていなかったことを考慮する時、被告〔会社〕からの募集（申込みの誘引）に対し、原告〔内定者〕が応募したのは、労働契約の申込みであり、これに対する被告からの採用内定通知は、右申込みに対する承諾であって、……これにより、原告と被告との間に、……〔原告の大学卒業直後を就労開始時期とする、〕本件誓約書記載の5項目の採用内定取消事由に基づく解約権を留保した労働契約が成立したと解する……〔ことが相当である〕。

……わが国の雇用事情に照らすとき、大学新規卒業予定者で……特定企業との間に採用内定の関係に入った者は……他企業への就職の機会と可能性を放棄するのが通例であるから、……採用内定者の地位は、一定の試用期間を付して雇用関係に入った者の試用期間中の地位と基本的に異なるところはない。……〔採用内定の取消事由は〕採用内定当時知ることができず、また知ることが期待できないような事実であって、これを理由として採用内定を取消すことが解約権留保の趣旨、目的に照らして客観的に合理的と認められ社会通念上相当として是認することができるものに限られる。」（最高裁第二小法廷判決昭和52年7月20日）

つまり最高裁は、採用内定とは法的には「解約権留保付きの労働契約」のことだと述べたのです。このことは「内定とは労働契約締結前の段階ではない。留保があるとはいえ労働契約そのものなのだ」ということを意味します。だから内定はいつでも解約・取消しができるということにはならないのです。

では、どのような内定取消しなら、判決にいう「解約権留保の趣旨、目的に照らして客観的に合理的と認められ社会通念上相当として是認することができる」と認められて有効となるのでしょうか。

これも個別の事例に基づく判断となります。たとえば極端な例になりますが、内定者が「内定後、複数のバイト先でお店のお金の横領を繰り返した」といった事情があれば、これで内定を取り消しても「内定当時に知ることができず」「客観的に合理的」であり「社会通念上相当」と認められるでしょう。そしてこの例のような「内定者側に落ち度がある」場合でなく、会社の経営が傾いた等の事情で内定取消しを行う時は、そのハードルは相当高くなると考えられます。少なくとも「経営上の観点から内定取消しがやむを得ないことをできるだけ速やかかつ詳細に、内定者側に説明すること」は必須となり、これを行わなければ直ちに内定取消しは無効となるでしょう。

内定辞退は？

一方で内定者側による内定辞退はどうでしょうか？　採用内定が前述のとおり「法的には解約権留保付きの労働契約」なのだから、内定辞退は労働契約違反ということになるのでしょうか？

これについては、期間の定めのない労働契約であれば労働者側にいつでも契約終了（退職）の自由がある（↑このことは11章で詳しく扱います）ので、単に2週間前までに伝えれば、（道義上はともかく）法的には問題ないということになります。

採用内々定の法的性質は？

現在の一般的な就活（採用）ルールでは、4月就職の場合、その前年の10月1日に一斉に内定が出されることが多いです。この10月1日の前に行う「10月1日の内定式に出席してね。それで正式に内定だから」という約束が採用内々定だというのが一般的な理解です。幸運な学生たちは6月とか7月とかに「内定ゲットした！」と言って就職活動を終了するわけですが、厳密にはこれは内々定だということです。つまりごく単純化していえば、「そちら（＝就活生側）がよければ、内定を出すからね」というのが採用内々定です。

一般論としてはそうなのですが、採用内々定を法的にどう理解するか、その法的性質をどう考えるかというのは、その内々定の実態が内定と同様に多様であることもあり、簡単な問題ではありません。

たとえば、仮に会社側が「内々定を出すから、もう他の会社への就職活動はやめてもらいたい」と就活生側に伝え、就活生はそれに従ってまだ面接等が残っていた会社すべてに断りの連絡を入れたとします（いわゆる「オワハラ（就活終われハラスメント）」として知られているものです）。この場合は、先に挙げた内定に関する最高裁判決の「特定企業との間に採用内定の関係に入った者は……他企業への就職の機会と可能性を放棄するのが通例であるから、……採用内定者の地位は、一定の試用期間を付して雇用関係に入った者の試用期間中の地位と基本的に異なるところはない」という部分の理屈がそのまま妥当しますので、会社側が内々定だと認識していたとしても、法的には「内定すなわち解約権留保付きの労働契約」そのものだと評価されるでしょう。特に判決文中では「他企業への就職の機会と可能性を放棄するのが通例である」とされていますが、この場合は企業側が「放棄することを求めた」のですからいよいよそうです。つまりこの場合には企業側が「まだ内定ではないから、法的には労働契約ではないので、何のペナルティもなくこちらからいつでも取消し可能」などということにはなりません。これも先に重要性を強調した「実態に基づく判断」の一例です。実態に基づけばこの場合に会社側が「内々定」という言葉を使っていたとしても法的に「内定そのものと評価される」ということです。

この例とは異なり、内々定と内定とがはっきり区別されている場合（つまり他の会社への就職活動をやめることを求められることがなく、結果として内々定を得た者の一部だけが実際に内定するといった場合）には、内々定と内定との法的性質は異なることになります。その場合の内々定は「会社が破棄した場合の損害賠償請求の根拠」となる可能性があります。

オワハラへの対応

ここまでの内容を踏まえれば、先ほど触れたオワハラに対して、学生（就活生）側はどのような対応が可能でしょうか？　内々定と内定の法的な扱いをもう一度まとめると、内々定と内定は区別され、内々定は破棄された場合に損害賠償請求の根拠となる可能性がある。内定は解約権留保付きの労働契約である。会社側から内定取消しを行うためには様々な要件を満たす必要があるが、2週間以上前であれば内定者による内定辞退は自由。そして会社がオワハラを行った瞬間に内々定ではなく内定という法的評価になる。

これらを前提にすれば、内々定の際に会社から「就職活動を終了せよ。我が社に入社するとこの場で誓約せよ。他社にはすべて断りの連絡を入れよ」などと言われた就活生は、面倒なので「了解しました」と口で言いつつ、そのまま他の会社に対する就職活動を続ければよいのです。後にこの会社の内々定あらため内定を辞退したところで、法律上は何のペナルティも課されるいわれがありません。これがオワハラへの正しい対応です。

だとすると、会社側としては、オワハラを行うことにメリットは1つもない一方、デメリットはあります。「オワハラをしたとネットに公開されて炎上するリスク」等を抜きにしても、法的に縛られない内々定だと思っていたところが急に自社（だけ）を縛る内定すなわち留保付きの労働契約そのものになってしまうのです。よって会社側としてもオワハラはしないようにしましょう。百害あって一利なしとはこのことです。

採用担当としては目標数の採用が求められるところ、「内定辞退」によって目算が狂うのが何よりも困るというのは理解できます。ですから学生側としても、法律上は2週間前でいいとはいえ、どの会社に就職するか決めた時点で他社には断りを入れる等、誠意を持った対応が人として望ましいですね。ですがこの項で述べたことは「内定辞退を防ぐために企業がオワハラを行っても無意味、むしろ有害」ということですので、採用担当者の方々には是非ご理解いただければと思います。

試用期間の法的性質は？

次に試用期間です。一般的には、採用されて3か月ないし6か月は本採用前の「試用期間」という位置づけにしている会社が多く存在します。労働法上に「試用期間」という文言があるわけではなく、これは企業側の便宜上設定されているものです。この試用期間の法的性質はどのようなものでしょうか？

さきに挙げた三菱樹脂事件は試用期間後の本採用が行われなかったことが争いになった事案なのですが、最高裁は、試用期間の定めのある労働契約は「解約権留保付きの労働契約」であり、その留保解約権の行使、すなわち解雇は、通常の（試用期間でない場合の）解雇よりも広い範囲で認められるものの、「客観的に合理的な理由が存し社会通念上相当として是認されうる場合にのみ許される」と述べました（ここの言い回しはさきに見た「内定取消し」の部分と同じ、というよりむしろ逆で、先ほどみた判決では「採用内定者の地位は、一定の試用期間を付して雇用関係に入った者の試用期間中の地位と基本的に異なるところはない」とされていました）。例によって、社会通念上相当として是認されうるか否かは個別の判断となります。

このような採用内定、試用期間を経て、晴れて本採用となった時には、内定や試用期間で見てきた「解約権留保付き」ではない労働契約に基づき、使用者と労働者の関係になり、労働法の完全な適用対象となることになります。

それでは、いよいよ次章で、非常に重要な労働条件である労働時間や労働日数、つまり使用者は労働者にどれくらい（1日何時間、週に何日）労働させることが可能か、逆にいえば労働者にはどれだけの休憩や休日が保障されているのか、そのルールを見ていきましょう（同様に、あるいはそれ以上に重要な労働条件である「賃金」については、その次の章で見ることとします）。

第5章

働きすぎない・働かせすぎないぞ、絶対に！

「山本君はどういう働き方をしたい？」

「自分の生活を重視して、ほどほどに仕事、という感じでしょうか。会社に入ったら一生涯安泰だという保証も別にないわけですから、仕事にすべてを捧げるつもりなんかさらさらないです。自分の生活を支えるための仕事です。」

「今どきの若者っぽいけど、その考え方は正しいと思うよ。」

「でも就活中はやはり『有休はきちんと取れますか』などと聞きにくい雰囲気がありますよね。他にも就活生が山ほどいる中、聞けば落とされるんじゃないかと思って」

「そういう雰囲気はあるよね。企業側も選ばれてるんだという自覚を持って、オンライン説明会で完全に匿名で質問ができるとか、就活生が本当に聞きたいことを気兼ねなく聞ける、それに正直に答える、そんな工夫が求められるよね。」

「そのとおりです、鈴木さん！　いいこと言いましたね。では鈴木さんの会社ではどうなんですか？」

「うちは小規模だし面接もアットホームだし、『御社が第一志望です！』という学生なんかもともといるわけないから、普通に聞かれるよ。こちらが選ぶ立場じゃないからね。知名度ゼロでいつつぶれるかもわからないうちの会社が第一志望だったらその就活生どこかおかしいでしょ。（笑）」

「なるほど。僕の場合あとは労働時間が一番不安ですね。どれだけ忙しくなるのかと思って。他の先輩なんかの話を聞いても、1か月で150時間残業するとかいうこともあるみたいですし。」

「今の世の中、その瞬間に違法だよ。」

「え、そうなんですか？」

「その先輩が勤めてるような会社をブラック企業と呼ぶんだろうね。ブラックというか、単に法律を無視する会社というだけだから、出るところに出れば社長は捕まるよ。」

「労働時間はどんなルールなんですか？」

「大事な点だね。一緒に確認しよう。」

「『基礎をおろそかにすべからず』ですね。」

「さっきも聞いた。」

労働時間等規制の必要性

なぜ労働時間や休憩、休日等について、国が規制を行う必要があるのでしょうか。この点についても、労働者と使用者の両方の観点から見ると非常にわかりやすいです。

労働者にとっては次のようになるでしょう。「別に仕事をすることが人生の目的、人生のすべてじゃない。こちらには生活があるんだ。そのための仕事だよ。使用者の都合で際限なく働かされてたまるか」。そのとおりでしょう。

使用者側から見るとどうなるでしょうか？「労働者にはできるだけ長く働いてもらい、我が社の利益に貢献してもらいたい。その場合でも人件費は圧縮したい」。また次の章でみる時間外労働の割増賃金などについては「優秀な労働者を引き止める必要があるのであれば、こちらの経営判断で高い給料を払えばすむ話。長時間労働に対していくら払わなければならないなど国に勝手に決められたくない」。

使用者側の理屈に従っていては、労働者は極めて長時間働かされ、自分の時間などほとんど持てず、どんどん健康を害する結果になるでしょう。使用者にとっては労働者の代わりなどいくらでもいるのですから、労働者が健康を害しても新しい労働者を雇えばいいだけです。1章で少し触れたとおり、法規制がないために実際にそんな状況だったのが産業革命直後のイギリスであり、『女工哀史』などで描かれる1900年前後くらいの日本です。そのような状況は労働者の人権の観点からも社会の持続性の観点からも望ましくないので、国として労働時間や休日といった規制を導入することにしたわけです。

規制を免れるのは困難

こうして労働時間の制限があり、また時間外労働には次章で見る割増賃金を払う必要もあり、使用者にとってこれらの規制はかなり重いものです。ですのでこの労働時間規制について「どうにかして逃れたい」という誘惑にかられる使用者も多くなります。そのような使用者は「この労働者は管理監督者だから労働時間規制の適用除外」だとか「労働時間みなし制の対象であり、時間外労働にならない」だとか、この章で後ほど見ていく適用除外等の主張や、さらには「私（使用者）としては時間外労働を命じていないのに、労働者が自発的に、すすんで勝手に働いたんだ。自分の判断で自由時間を使って仕事したにすぎない。だから私の責任はない」などといった主張を行うことになります。

ですが、労働基準監督署も厚生労働省も裁判所も、そのような使用者の考え方は「重々承知」しています。ですので前に述べたように、「ある労働者の肩書きが店長あるいは本部長だから」「労働契約の内容がこうなっているから」などではなく労働の実態に基づき「時間外労働に関する法違反があったか否か」厳しく判断します。つまりどういうことかというと、1章で述べた労働法の最も基本的な原則ですが、使用者が外形を整える等のテクニックを駆使したところで労働時間の規制から逃れられるということはない、ということです。「労働者が勝手に働いたんだ」という主張についても、実態を調べもせずに「なるほど、じゃあ問題ないですね」とあっさり引き下がる労働基準監督官は**日本中どころか全宇宙に**一人もいません。これらの点は非常に重要なので、使用者側の皆様には是非ご理解いただきたいですし、逆に労働者側の皆様も「使用者にこう説明されたから、自分は労働時間の規制がかからない労働者なんだ」などと安易に泣き寝入りする必要はないということをよく覚えておいていただきたいと思います。

一方で「仕事が大好きで、労働者側が真に自発的に長時間労働をしたい」場合であっても、労働時間規制はかかってくることになります。仮にそうでなければ、使用者は長時間労働を余儀なくさせておきながら「労働者が自発的にやっただけです」と喜んで主張するでしょうから、これはやむを得ません。ということは「自発的に長く働きたい」という労働者の自由が阻害されていることになります。1章の復習になりますが、この法規制のメリットとデメリット（この場合は、使用者に言い訳の余地を認めないというメリットと、労働者が自発的に長時間労働を行う自由が奪われるというデメリット）を比較した上で、メリットの方が大きいために労働者の自由に対する少々の制限は仕方がないと判断ずみということです。

ブルーカラーとホワイトカラー

ここで最近の労働法の動きを理解するため、少しだけわき道にそれますが「ブルーカラー」と「ホワイトカラー」について説明します。まずこの「カラー」とは何でしょうか？　ブルーカラーは「青い色」？

ここでのカラー（collar）は「襟（えり）」のことです。ブルーカラーは工場などでよくある青い作業服、ホワイトカラーはネクタイを締める白いワイシャツ、ということです。そこから一般にブルーカラーは肉体労働者を指し、ホワイトカラーはオフィスワークをする労働者を指します。ちょっと乱暴な整理をすれば、ブルーカラーは「体を使う仕事をする人」であり、ホワイトカラーは「頭を使う仕事をする人」です。

日本における労働時間の規制は戦前の「工場法」（1911年制定）までさかのぼります。肉体労働者や工場での労働者にとって労働時間規制の必要性はわかりやすいものでした。たとえばある工場で、1人の労働者が1個の製品を作るのに30分かかるとします。1時間働けば2個、2時間で4個、8時間で16個、15時間で30個できるわけです。まあさすがに15時間も働けば最後の方は疲れて能率が落ちるかもしれませんが、ここで言いたいことは「成果が基本的に労働時間に比例する」ということです。長く働けば働くほど、あるいは使用者側から見れば労働者を長く働かせれば働かせるほど、完成品の数が（またそれに伴って経営者の利益もほぼ）労働時間に比例して増える。このような状況では、使用者側が「新規採用者への訓練のコスト負担も無駄だから、今いる労働者を可能な限り長く働かせよう」と考え、そう行動したのはごく自然なことです。工場労働者には人間らしい生活も何もあったものではなかった。そこで国は労働時間規制を行うことにした。大変わかりやすい流れです。

ところが現在の日本ではブルーカラーの労働者は多数派ではありません。工場の労働者であっても機械化が進んだことで今みたような「製品の数が労働時間に比例する」といった単純な工場労働者の数は減っていますし、またそもそも産業構造としてもサービス業の割合が増えています。これによりホワイトカラーの労働者が増えてきているのです。

ホワイトカラーの労働の特徴は、先にみた典型的な工場労働の場合などと異なり「労働時間と成果が比例しない」ということです。たとえば新商品の企画開発の場面を考えてみましょう。人々のニーズなどを調査しつつ、時代の流れも踏まえて「今後はこういった商品が求められている。これを作れば売れる！」と企画するわけです。この時に企画のためにかけた時間と売上げの個数が比例するということはありません。短い時間でも正しく画期的なアイデアがあれば売れる商品ができるでしょうし、長い時間をかけて企画しても消費者の需要を読み誤るなど的外れな企画であれば売り上げにつながらないわけです。この例だけでなく、要するにホワイトカラーの仕事はすべて「どれだけの労働時間をかけるかではなく、どれだけ質の高いことを考え、その結果を反映させるか」に業績が左右されるのです。それがホワイトカラーの仕事の本質です。

そもそもホワイトカラーの仕事がそういうものである時に、使用者側から見れば「明治時代の製糸工場の労働者と違うんだ。オフィスワークで快適な職場でずっと座っているホワイトカラーは疲労の仕方も違う」「労働時間と仕事の成果が関係ないんだから、時間外労働という観点からみた割増賃金などもってのほか」ということになります。

この主張はまったく的外れで問題外ということもなく、労働時間規制にも後でみる「高度プロフェッショナル制度（いわゆる高プロ）」が新設されるなど、新しい動きがあります。他の法令と同じく労働法も時代の変化を受けて改正が行われているのです。

一方でオフィスワークであっても長時間労働すれば疲労が蓄積することに違いはありません。また成果と労働時間が厳密に比例はしませんが、ほとんどの場合「長い時間働けば働くほど（あるいは長い時間考えれば考えるほど）よりよいものが生まれやすい」というのは事実です。よってこの意味でも使用者が労働者を長く働かせたいという誘惑にかられることには変わりありません。したがって「ホワイトカラー労働者には労働時間規制は不要」ということはまったくありません。この点は押さえておいていただきたいと思います。

それでは以下、具体的な労働時間規制の内容について見ていきましょう。

労働時間規制の構造

労働基準法による労働時間の規制については、まずそもそもの構造がわかりづらいです。少しだけかじった人であれば、時間外労働があり、フレックスタイムがあり、管理監督者があって、労働時間みなし制があって、高度プロフェッショナル制があるということを知っているでしょう。このようにいろいろあるのはわかるのですが、ではフレックスタイムでは時間外労働の規制は何時間までなのか？　そもそも規制がかかるのか、かからないのか？　労働時間みなし制では？　高度プロフェッショナル制では？　こういったことをたちどころに正確に答えられる方はそう多くないのではないでしょうか。

実はこれは、労働基準法の条文の順番に従って説明するとわかりやすいです。つまり整理された順番で法律が規定されているということです。

＊参考　労働基準法の構造

32条	労働時間
32条の2	1か月単位の変形労働時間制
32条の3	フレックスタイム制
36条	時間外労働
38条の2〜4	労働時間みなし
41条	適用除外
41条の2	高度プロフェッショナル制度

では、以下「法定労働時間」「その弾力化」「時間外労働」「労働時間みなし」「適用除外」の順に、説明し

ていきます。

法定労働時間

「労働時間は1日8時間まで」と決まっている、と皆さんも聞いたことがあるでしょう。労働基準法の条文を見てみましょう。

○労働基準法
32条①（労働時間）　使用者は、労働者に、休憩時間を除き1週間について40時間を超えて、労働させてはならない。
②　使用者は、1週間の各日については、労働者に、休憩時間を除き1日について8時間を超えて、労働させてはならない。

つまり、1日8時間まで、週に40時間までというルールです。これが基本です（ただし、販売業や映画の映写の業務等で常時10人未満の労働者を使用する一部の事業については、労働基準法40条と労働基準法施行規則25条の2に基づき、例外的に週44時間までとされています。1日8時間までという規制は同じです）。

法定労働時間の弾力化

この法定労働時間について、「1か月以内の変形労働時間制」（労働基準法32条の2）、「1年以内の変形労働時間制」（32条の4）、「1週間単位の非定型的変形労働時間制」（32条の5）、そして条文が戻りますが「フレックスタイム制」（32条の3）という弾力化の規定が置かれています。これら条文は他の条文と比較しても長くて複雑なので、ここでは制度の解説にとどめます。

前三者の変形労働時間制をごく簡単に説明すると、労働時間が週40時間以内あるいは週平均40時間以内※という条件を満たしていれば、ある特定の日や週について8時間や40時間の労働時間を一定程度超えても時間外労働とはしないというルールです。（※　厳密には、1か月以内の変形労働時間制では、週平均が「法定労働時間以内」です。違いは、先ほど見たように法定労働時間が44時間であれば1か月以内の変形労働時間制では週平均44時間までとなるという点です。）

フレックスタイムは、始業と終業の時刻を労働者の決定に委ねることとした場合には、3か月以内の期間で定める「清算期間」内で労働時間が週平均40時間を超えない場合には、ある1日の労働時間が8時間を超えようとも、またある週の労働時間が40時間を超えようとも許される、という制度です。労働者から見れば「今週は月から金まで毎日11時間働くぞ。その代わり来週は毎日5時間にしよう」というように自分で決められる柔軟性の高い制度だということです。

フレックスタイムについては一人の学生の方からコメントをいただきました。広瀬香美さんの名曲「ロマンスの神様」に出てくる「♪週休二日、しかもフレックス、相手はどこにでもいるんだから♪」のフレックスとはこれのことです（その学生は「ずっと意味がわからなかったけどようやくわかった」と書いていました）。働き方が柔軟だから出会いの機会は多いはずだという趣旨ですね。ただし余談ですが、その学生のコメントには「昭和の歌になってしまうのですが」とあり、リアルタイムでロマンスの神様を聞いていた私はあやうく減点しそうになりました。**昭和じゃない！** 1993年つまり平成5年の歌です。

ここまで見たとおり「変形労働時間制だから、あるいはフレックスタイムだから、残業代などという概念がないんだよ」ということはあり得ません。これらの制度を使っていても限度（つまり基本的に平均して「週40時間」）を超えれば時間外労働に該当し、また割増賃金の支払い義務が生じてくるということです。

時間外労働

このように基本は1日8時間、週40時間という労働時間の上限が法定されていますが、日本では労働者がこれを超えて労働することは珍しくありません。たとえば内閣府が出している令和3年版男女共同参画白書では、「週間就業時間60時間以上の雇用者の割合の推移」というグラフがあります。いや、労働時間の上限は週40時間のはずでしょ？　どういうこと？

おわかりでしょうが、これが「時間外労働」です。労働基準法の規定は以下のとおりです。

○労働基準法

（時間外及び休日の労働）

36条① 使用者は、当該事業場に、労働者の過半数で組織する労働組合がある場合においてはその労働組合、労働者の過半数で組織する労働組合がない場合においては労働者の過半数を代表する者との書面による協定をし、厚生労働省令で定めるところによりこれを行政官庁に届け出た場合においては、第32条から第32条の5まで若しくは第40条の労働時間（以下この条において「労働時間」という。）又は前条の休日（以下この条において「休日」という。）に関する規定にかかわらず、その協定で定めるところによって労働時間を延長し、又は休日に労働させることができる。

② 前項の協定においては、次に掲げる事項を定めるものとする。

一 この条の規定により労働時間を延長し、又は休日に労働させることができることとされる労働者の範囲

二 対象期間（この条の規定により労働時間を延長し、又は休日に労働させることができる期間をいい、1年間に限るものとする。第4号及び第6項第3号において同じ。）

三 労働時間を延長し、又は休日に労働させることができる場合

四 対象期間における1日、1箇月及び1年のそれぞれの期間について労働時間を延長して労働させることができる時間又は労働させることができる休日の日数

五 労働時間の延長及び休日の労働を適正なものとするために必要な事項として厚生労働省令で定める事項

③ 前項第4号の労働時間を延長して労働させることができる時間は、当該事業場の業務量、時間外労働の動向その他の事情を考慮して通常予見される時間外労働の範囲内において、限度時間を超えない時間に限る。

④ 前項の限度時間は、1箇月について45時間及び1年について360時間（第32条の4第1項第2号の対象期間として3箇月を超える期間を定めて同条の規定により労働させる場合にあっては、1箇月について42時間及び1年について320時間）とする。

36条1項に規定のある「協定」についてはこの後で解説します。協定に基づき時間外労働が可能になるわけですが、ここで重要なのはこの36条3項と4項により、時間外労働の上限が基本的に「1か月について45時間、1年について360時間まで」と決められていることです。この上限は法改正により2018年に導入されました。むしろ2018年まで時間外労働の上限が法定されていなかったことが大きな問題だったわけですが、これを罰則付きで法律に規定するという労働者側の悲願がようやく成就したのです。

時間外労働その他に関する労使協定

さて先ほど説明を飛ばした「時間外労働に関する労使協定」に戻ります。36条1項の傍線を見てください。つまりは労働者の過半数の代表（過半数組合があればその労働組合）との書面による協定により、長時間労働が可能になるということです。

これは労働組合との労働協約と何が違うのでしょうか？　まずは条文のとおり「労働者の過半数で組織する労働組合」がない場合でも締結できる点が異なりますが、もう一つ重要なのは「仮にこの過半数組合がある場合にそれと締結したこの労使協定は他の組合員にも効果が及ぶ」という点です。労働協約は協約を締結した組合に属する組合員にしか効果が及びませんから、この点が大きな違いです（なお、組合員以外にも効力が及ぶ「一般的拘束力」については、13章で触れます）。

この労使協定の効力は労働契約や就業規則より強いか弱いかといったことは問題になりません。「その範囲内で時間外労働が可能になる」という効果だけを有します。この協定がなければ労働契約等で何を合意しようがそもそも時間外労働をさせることができないということです。

なお、この「時間外労働を可能にする」協定は労働基準法36条に基づくものなので一般に三六（さぶろく）協定とよばれています。ただ、変形労働時間制やフレックスタイム制その他においても同様に労使協定が必要とされています（それらは三六協定とは呼ばれていませんが）。

労働時間みなし制

労働時間みなし制は、「実際の労働時間にかかわらず、あらかじめ定められた時間が労働時間だったとみなす制度」です。これには3つの類型があり、この後で1つずつ見ていきますが、ごく大ざっぱに言うと「労働時間が把握できない」あるいは「労働時間と仕事の成果との関係が極めて薄いか、労働時間とは何なのかがそもそもわからない」ような労働者についての制度です。

たとえば学者・研究者です。余談になりますが、数学者である私の友人Sのエピソードをさせてください。Sがまだ大学院生だった時のことですが、サンドウィッチマンのバイトをしたそうです。今ではサンドウィッチマンと聞くとほとんどの方はお笑い芸人のことを考えますが、体の前後に看板をつけて繁華街に立っている（あるいは繁華街を歩いている）人、あれがサンドウィッチマンです。バイトをしたSはこんなことを言っていました。「8時間やったんだけど、誰にも邪魔されずに数学を好きなだけ考えられて、かつその分のお金がもらえる。あんなにおいしいバイトはない」。サンドウィッチマンのバイトをやりながらずーーっと数学を考えているSの顔が目に浮かぶようで、私は思わず笑ってしまいました。口はちょっと半開きで、ぼんやり中空を見ていて、体は少し揺れている。周りからはバカにしか見えなかっただろうな、そんな奴が8時間も数学を考えているとは誰も思わなかっただろうなと。**そりゃ誰にも邪魔されないだろうさ。**

まったくの余談でしたが、何が言いたいかと言うと、学者の仕事はすべて私の友人の場合と似たり寄ったりで「考えるのが仕事」であり、もちろん頭を休ませることもありますが、食事の時間も風呂に入っている時間も下手をすれば寝ている時間も考えているのです（余談ついでに、真偽のほどは定かではないようですが、有名なのは夢からヒントを得て有機化学のベンゼン環の構造を思いついたケクレです）。つまり、どれが労働時間に該当するのかよくわからない。この時に「考えるのが仕事なんだから、私の労働時間は考えている時間。だから食事中も風呂に入っている間も、起きている間はすべて労働時間として算定されるべき。まあ睡眠時間だけは勘弁してやる」という主張が通ってはさすがに使用者側に酷だろう、ということです。

それでは各類型を条文とともに順にみていきましょう。第一は、事業場外労働と呼ばれるものです。

○労働基準法
38条の2① 労働者が労働時間の全部又は一部について事業場外で業務に従事した場合において、労働時間を算定し難いときは、所定労働時間労働したものとみなす。ただし、当該業務を遂行するためには通常所定労働時間を超えて労働することが必要となる場合においては、当該業務に関しては、厚生労働省令で定めるところにより、当該業務の遂行に通常必要とされる時間労働したものとみなす。

条文にある「事業場外で業務に従事」する仕事の典型例は法人営業ですね。自社の商品を他社に買ってもらおうと他社の担当者の職場を訪問するのが仕事、といったものです。社外にいて、どれだけの時間を営業にかけているか把握できないような労働者です。

第二の類型は、「専門業務型裁量労働制」です。

○労働基準法
38条の3① 使用者が、当該事業場に、労働者の過半数で組織する労働組合があるときはその労働組合、労働者の過半数で組織する労働組合がないときは労働者の過半数を代表する者との書面による協定により、次に掲げる事項を定めた場合において、労働者を第1号に掲げる業務に就かせたときは、当該労働者は、厚生労働省令で定めるところにより、第2号に掲げる時間労働したものとみなす。

一　業務の性質上その遂行の方法を大幅に当該業務に従事する労働者の裁量にゆだねる必要があるため、当該業務の遂行の手段及び時間配分の決定等に関し使用者が具体的な指示をすることが困難なものとして厚生労働省令で定める業務のうち、労働者に就かせることとする業務（以下この条において「対象業務」という。）

二　対象業務に従事する労働者の労働時間として算定される時間

〔以下略〕

これが、先ほど例に挙げた、仕事の中核が考えることであるため「労働時間が何なのかがよくわからない」業務です。引用する条文があまりに長くなってしまうので省略しましたが、労働基準法施行規則24条の2の2第2項に「人文科学・自然科学に関する研究」「記事の取材や編集」「放送番組のプロデューサーやディレクター」といった業務が挙げられています。たとえば「記事の取材」の仕事を考えてみましょう。関係者から話を聞き、関連の文献を調べて、筋道だった記事を構成する。この場合に、関係者から話を聞いている時間とまさに記事を執筆している時間は誰が見ても労働時間でしょうが、では「それ以外の時間」は労働時間ではないのか、記事の構成をどうするか頭の片隅にありつつ休みの日にぼんやりテレビを見ている時間はどうなのか、そこでいいアイデアを思いついたらそれは労働時間だったのか、よくわからないというか、「はっきりとは区別できない」というほかないでしょう。

類型の第三は、企画業務型裁量労働制です。

○労働基準法

38条の4①　賃金、労働時間その他の当該事業場における労働条件に関する事項を調査審議し、事業主に対し当該事項について意見を述べることを目的とする委員会（使用者及び当該事業場の労働者を代表する者を構成員とするものに限る。）が設置された事業場において、当該委員会がその委員の5分の4以上の多数による議決により次に掲げる事項に関する決議をし、かつ、使用者が、厚生労働省令で定めるところにより当該決議を行政官庁に届け出た場合において、第2号に掲げる労働者の範囲に属する労働者を当該事業場における第1号に掲げる業務に就かせたときは、当該労働者は、厚生労働省令で定めるところにより、第3号に掲げる時間労働したものとみなす。

一　事業の運営に関する事項についての企画、立案、調査及び分析の業務であって、当該業務の性質上これを適切に遂行するにはその遂行の方法を大幅に労働者の裁量に委ねる必要があるため、当該業務の遂行の手段及び時間配分の決定等に関し使用者が具体的な指示をしないこととする業務（以下この条において「対象業務」という。）

二　対象業務を適切に遂行するための知識、経験等を有する労働者であって、当該対象業務に就かせたときは当該決議で定める時間労働したものとみなされることとなるものの範囲

三　対象業務に従事する前号に掲げる労働者の範囲に属する労働者の労働時間として算定される時間　［以下略］

これは1号にあるとおり「事業の運営に関する事項についての企画、立案、調査及び分析の業務」で、「当該業務の遂行の手段及び時間配分の決定等に関し使用者が具体的な指示をしない」ものです。業務内容のイメージとしては、大企業本社の「経営企画室」の中で、単によいアイデアさえ出せば出社等を求められないという業務、といったところでしょうか。この制度の導入のためには38条の4第1項本文にある委員会を組織して5分の4以上の賛成を取らなければならず、また対象とする労働者本人の同意を必要とするなど、非常に要件が厳しくなっています。

以上、労働時間みなし制度の3類型を説明しました。繰り返しになりますが、使用者として「なるほど、これらの制度を使えば一定の労働時間だとみなせるのだから、長時間労働をさせても残業代の支払いから逃れられるのか」ということはありません。これらの3類型には、見てきたように労働基準法の条文上「労働

時間を算定しがたいとき」「時間配分の決定等に関し使用者が具体的な指示をすることが困難なもの」「時間配分の決定等に関し使用者が具体的な指示をしないこととする業務」と、いずれも厳しい要件が設けられています。

順に見ましょう。業務の結果を逐一報告させていれば第一の類型の「労働時間を算定しがたい」に該当しません。先ほど「社外にいて、どれだけの時間を営業にかけているか把握できないような労働者」と説明しましたが、スマホがここまで普及した今の時代、把握できるし実際に把握しているのが普通です。仮に「法人営業等で結果の連絡を逐一させて」いれば直ちにこれに該当しないことになります。次に第二の類型ですが、どう業務を遂行するか等について労働者自身にかなり広範な裁量がなければ「時間配分の決定等に関し使用者が具体的な指示をすることが困難なもの」に該当しないと解されています。また労働者自身の同意がなければ第三の類型には該当しません。他にもありますが、いずれにせよ労働時間規制を免れるために安易に利用できるルールでないということだけは、労働者の立場であるにせよ使用者の立場であるにせよ、覚えておいて損はないと思います。

適用除外

ここまで見てきた労働時間の規制がかからない（つまり適用除外である）労働者の類型が2つあります。

第一は、労働基準法41条に根拠規定がある類型です。

○労働基準法

（労働時間等に関する規定の適用除外）

41条 この章、第6章及び第6章の2で定める労働時間、休憩及び休日に関する規定は、次の各号の一に該当する労働者については適用しない。

一 別表第1第6号（林業を除く。）又は第7号に掲げる事業に従事する者

二 事業の種類にかかわらず監督若しくは管理の地位にある者又は機密の事務を取り扱う者

三 監視又は断続的労働に従事する者で、使用者が行政官庁の許可を受けたもの

別表第1（第33条、第40条、第41条、第56条、第61条関係）

六 土地の耕作若しくは開墾又は植物の栽植、栽培、採取若しくは伐採の事業その他農林の事業

七 動物の飼育又は水産動植物の採捕若しくは養殖の事業その他の畜産、養蚕又は水産の事業

［一～五、八～十五 略］

労働基準法41条1号に規定された農業、畜産、水産業などは、仕事をするか否か、どのような仕事をするかが天候等の自然条件に大いに左右されます。3号に規定された「監視又は断続的労働」とは、何かあった時にだけ対応が求められるような、「監視部屋でたまにカメラ画像を確認すればよい」といった仕事のイメージです。

問題は2号の「監督若しくは管理の地位にある者」（管理監督者）です。なぜ、これらの労働者は労働時間の規制が適用されないのでしょうか？ まず、この管理監督者の範囲について、厚生労働省は通達で次のような考え方を示しています。

○労働基準法の施行に関する件

法第41条関係

（一）監督又は管理の地位に存る者とは、一般的には局長、部長、工場長等労働条件の決定、その他労務管理について経営者と一体的な立場に在る者の意であるが、名称にとらはれず出社退社等について厳格な制限を受けない者について実体的に判別すべきものであること。

また、『実務コンメンタール労働基準法・労働契約法』においては、「これらの者は事業経営の管理者的立場にある者またはこれと一体をなす者であり、労働時間、休憩および休日に関する規定の規制を超えて活動しなければならない企業経営上の必要から認められるものである」とされています。

要するに「経営活動に従事するような労働者には、会社の社長に対してそうであるように労働時間規制などかけられない」ということです（社長はそもそも労働者ではありませんが）。先の通達においても「出社退社等に厳格な制限を受けない者」と明記されています。「社長は今日は出社してこないと思ったら、自ら他社の社長に営業をかけていた」「他社とかなり秘密の会合を重ねているようだ」ということがあるでしょうが、それと同列だということです。逆にいえば、これも趣旨の繰り返しになりますが、「経営とはまったく無関係の単なる労働者の肩書きを店長とか部長とかにすれば、労働時間規制から逃れられるので働かせ放題だ」などということはあり得ませんし、たとえばバイト先の店で、社員から「君、今日から店長ね。店長だったら残業代がつかない以前に残業という概念がないから。じゃあ店長！　これやっといて」と言われたなどというのは問題外です（いわゆる「名ばかり店長」問題です）。その労働者がどのような労働者なのか、実態に基づいて厳しく判断されます。そんなことを言うような方々には「話にならないから、『働くならこれだけは知っとけ！　労働法』で基礎から勉強したら？　**ちゃんとお金を払って買って**」と言っておいてくださいね。

なお、ここでみた労働者には労働時間の規制が適用除外になりますが、深夜労働規制と後で見る年次有給休暇の規制は適用になります。

次は適用除外の第二の類型、いわゆる「高度プロフェッショナル制度」です。

○労働基準法

41条の2① 賃金、労働時間その他の当該事業場における労働条件に関する事項を調査審議し、事業主に対し当該事項について意見を述べることを目的とする委員会（使用者及び当該事業場の労働者を代表する者を構成員とするものに限る。）が設置された事業場において、当該委員会がその委員の5分の4以上の多数による議決により次に掲げる事項に関する決議をし、かつ、使用者が、厚生労働省令で定めるところにより当該決議を行政官庁に届け出た場合において、第2号に掲げる労働者の範囲に属する労働者（以下この項において「対象労働者」という。）であって書面その他の厚生労働省令で定める方法によりその同意を得たものを当該事業場における第1号に掲げる業務に就かせたときは、この章で定める労働時間、休憩、休日及び深夜の割増賃金に関する規定は、対象労働者については適用しない。ただし、第3号から第5号までに規定する措置のいずれかを使用者が講じていない場合は、この限りでない。

一　高度の専門的知識等を必要とし、その性質上従事した時間と従事して得た成果との関連性が通常高くないと認められるものとして厚生労働省令で定める業務のうち、労働者に就かせることとする業務（以下この項において「対象業務」という。）

〔2号は、年収等の要件　以下略〕

『実務コンメンタール労働基準法・労働契約法』の解説によれば、「高度の専門的知識等を有し、職務の範囲が明確で一定の年収要件を満たす労働者を対象として、……（健康・福祉確保措置）等を講ずることにより、労働基準法に定められた労働時間、休憩、休日および深夜の割増賃金に関する規定が適用除外となる制度である」とされています。２０２３年現在、この「一定の年収要件」とは年収１０７５万円以上であり、平均的な労働者とは比較にならない高給を得ている労働者だけが対象だということになります。また高度な専門的知識等を必要とする業務として「金融商品の開発」「資産運用」「顧客の事業運営に対する助言」といったものが厚生労働省令で定められています。要するに、業務内容の観点からもその待遇の観点からも、まさに「高度なプロフェッショナル」である労働者については、労働時間の規制を外して、より裁量を発揮して成果が挙げられる働き方を認めようということです。

厚生労働省は次のように解説しています。

「対象となる業務は、対象業務に従事する時間に関し使用者から具体的な指示を受けて行うものは含まれません。「具体的な指示」とは、労働者から対象業務に従事する時間に関する裁量を失わせるような指示をいいます。これには、業務量に比して著しく短い期限の設定その他の実質的に当該業務に従事する時間に関する指示と認められるものも含まれます。

対象業務は働く時間帯の選択や時間配分について自らが決定できる広範な裁量が労働者に認められている業務でなければなりません。実質的に業務に従事する時間に関する指示と認められる指示についても、「具体的な指示」に含まれます。」（厚生労働省「高度プロフェッショナル制度わかりやすい解説」）

これも、使用者にとって都合のいい制度ではありません。「いつ、どれだけ働くか、労働者の側が完全に決定できる」という実態が必要なのです。つまり、使用者側が高プロの適用を主張するのであれば、その時点で「対象労働者のその仕事は、時間による管理を行うことは不適当であるか不可能であるかのいずれか」と宣言しているに等しいわけです。にもかかわらず時間に関する指示をする、などということが通るわけがありません。

この高度プロフェッショナル制度の対象労働者に対しては、深夜労働規制も含め労働時間の規定が適用除外となる一方で、年次有給休暇の規定については適用があります。

労働時間規制・まとめ

ここまでをまとめると、次のようになります。

まずは、1日8時間、週40時間という労働時間が基本。ただし、変形労働時間やフレックスタイムといった、「平均して週40時間を超えなければ認められる」という形での柔軟化の手段がある。

この点、三六協定を締結することで、時間外労働が可能となる。ただし、三六協定によっても超えることができない時間外労働の総時間数の上限がある。

一方で、労働時間の把握が困難であったり、何が労働時間なのかがそもそもわかりにくかったりするような労働者については、一定の時間労働したとみなす「労働時間みなし制」がある。

これらの規制全体について、管理監督者ほかや高度プロフェッショナルの労働者は適用除外となっている。つまり、それら労働者には労働時間規制はかからないということになる。

休憩時間

ここまで労働時間を見てきましたが、次は休憩時間です。労働基準法は、連続の勤務時間の間に一定の休憩時間が与えられなければならないことを定めています。

○労働基準法
（休憩）
34条① 使用者は、労働時間が6時間を超える場合においては少くとも45分、8時間を超える場合においては少くとも1時間の休憩時間を労働時間の途中に与えなければならない。
③ 使用者は、第1項の休憩時間を自由に利用させなければならない。

この3項にあるとおり、「休憩時間を自由に利用させなければならない」ことから、たとえば「君の休憩時間は12時から13時。だけどかかってきた電話には対応すること。だから昼食は席で食べてね。大丈夫、電話なんてめったにかかってこないよ」といった場合は、労働者が自由になっていないためこの12時から13時の時間は休憩時間に該当せず、つまりは労働時間そのものになります。仮にこの1時間の休憩時間を前提に9時から18時勤務である場合、休憩を与えていないわけですから労働基準法違反となります。

休日

次に休日のルールを見ていきましょう。

○労働基準法
（休日）
35条① 使用者は、労働者に対して、毎週少くとも1回の休日を与えなければならない。

② 前項の規定は、４週間を通じ4日以上の休日を与える使用者については適用しない。

つまり、毎週1日以上の休日というルールが原則ですが、４週間に4日以上の休日を与えているのであれば問題ないということです。ここで「1日」とは単に連続の24時間のことではなく、基本的にはカレンダー上の（午前0時から午後12時までの）1日のことを指します。

この法定休日は週休2日ではなく「毎週1日以上」とされていることに注意してください。次章で見る「休日労働の割増賃金」を考えるときに影響があります。

週40時間、1日8時間なら（40を5で割って）5日勤務つまり週休2日が基本となるわけですが、たとえば1日6時間半の労働時間で週6日勤務（計39時間）、1日休みということは法律上可能なのです。一方で、1日5時間半、週7日勤務（計38時間半）で休みなしだと、この休日の規定に違反することになります。

年次有給休暇

使用者は労働者に対して一定期間の勤続後、年次有給休暇を付与しなければなりません。仕事をしなければ賃金も発生しない「ノーワーク・ノーペイ」が労働の原則ですが、有給休暇は読んで字のごとく「休んでもそのまま給料が出る」ということです。

○労働基準法
（年次有給休暇）
39条① 使用者は、その雇入れの日から起算して6箇月間継続勤務し全労働日の8割以上出勤した労働者に対して、継続し、又は分割した10労働日の有給休暇を与えなければならない。
⑤ 使用者は、前各項の規定による有給休暇を労働者の請求する時季に与えなければならない。ただし、請求された時季に有給休暇を与えることが事業の正常な運営を妨げる場合においては、他の時季にこれを与えることができる。

半年の継続勤務で10日、その後も継続勤務を続けると付与日数を増やさなければならず、最終的には6年6か月の勤務で20日以上となります。これは労働基準法に定める最低基準で、もちろんこれ以上に付与することは可能です。

なお、これはフルタイム労働者の話で、たとえば週1日のアルバイトなのに6か月の継続勤務で10日の有給休暇が付与されるわけはありません（いきなり2か月以上も有給で休めることになってしまう！）。週あたりの労働日が少ない労働者についてはそれを考慮に入れ、おおむねフルタイム労働者の日数に比例した日数を付与することになります。

なお、有給休暇の取得の場面では、使用者に対して「なぜ有休を取るか」の理由を伝える必要は一般にはありません。何のためであれ有休が取得できる。これこそが「有休取得が労働者に与えられた権利」ということです。先ほどの5項においても使用者は「有給休暇を労働者の請求する時季に与えなければならない」とされていることに注意してください。ただしこの条文には続きがあり、「請求された時季に有給休暇を与えることが事業の正常な運営を妨げる場合においては、他の時季にこれを与えることができる」とされています（労使の利害調整の例として1章で触れましたね）。使用者側としては、たとえば株主総会の当日にその主担当者が有休を請求したような場合には「他の日にしてくれ」ということができるということです。また多数の労働者の有休申請が重なった場合に、使用者が誰に対してこの「時季変更権」を行使するかを判断するために、労働者に対して「有休を取って何をしたいのか」を確認することは許されるでしょう。「その日に子どもの三者面談？　それは仕方ないな。その日に一日中『信長の野望・天道』をしたい？　それなら他の日でもできるでしょ」というような例です。逆にいえば、そういう事情がなければ「どうして有休を取るの」と使用者や上司が聞いてはならないということです。

この章で見た内容すなわち労働時間、休憩、休日、年次有給休暇の規定はすべて労働基準法の最低基準であり、これらを満たしていなければ労働基準法違反ということになることを再度確認しておきます。

次の章では、労働時間と並ぶ、あるいはそれ以上に、労働者の関心事である「賃金」について見ていきましょう。

第6章

大事な大事な給料の話

「山本君は、就職後の給料について不安はない？」

「当面は別に生活に困らないですし特に心配してないんですが、将来的には家族を持ってそれなりに豊かな生活がしたいです。ですから今後、順調に給料が上がっていけばいいんですが。」

「ほほう…。」（と鈴木さん、懐からこん棒を取り出す。）**「おぬし、黙って寝ていても会社が自動的に給料を増やしていってくれると心から信じておるな。貴様のような寄生虫が会社を蝕んでいくのだ、このたわけ！」**　ドカッ（こん棒で床を殴る音）

「ひぃぃ、お許しくださりませ。自動的に給料が上がっていくなど、とんでもござりませぬ。わたくしめは自らの能力を磨き、日々自己研鑽を忘れず、給料の増額を自らの手で勝ち取る所存にございます。」

「やかましい、この口先男が！」　ドカッ　**「会社はお前の言う『能力』などというたわ言に一片の興味もないわ。会社に必要なのは結果、すなわち数字のみよ、この痴れ者め！　自分が会社の利益にどれだけ貢献できるか、具体的な数字を答えてみよ！」**

「ぐ…。」

「というわけで」（と鈴木さん、こん棒をしまって）**「給料は大事だけど、会社がなぜ給料を払うのか、それだけの価値を自分が出せているか、いつも考えるようにすること！　それが仕事ができるようになるコツだよ。」**

「ありがとうございます。というかキャラが急変してびっくりしましたよ。鈴木さんはこん棒をいつも持ち歩いてるんですか？　そんなのどこで買えるんですか。」

「普通にネットで買ったよ。」

「マジすか。ドラクエの武器屋にしか売ってないと思ってました。便利な時代ですね。」

「まあそれはいいんだけど、それで山本君の会社は、新入社員は忙しいのかな？」

「噂では結構残業するようです。さっき『会社にすべてを捧げる気はない』と言いましたけど、入社したての頃は嫌でもすべてを捧げることになるみたいです。きちんと残業代が出るのかわかりませんが。」

「いや、残業代が出ないいわゆるサービス残業もその瞬間に違法。まあ『法定労働時間を超える分は』という条件が付くけど、時間外労働や深夜労働の割増賃金が定められてるから、残業代はとても大きいよ。たとえば山本君の初任給が時給換算でまあ１４００円だとして、残業を午後10時以降にすれば法律上は最低でもその5割増し、つまり時給２１００円相当になるからね。」

「え、そんなに？　それは結構大きいですね。」

「労働者はこれだけもらえるべきだし、会社は本来は残業させるとこれだけ払わなければならない。労働時間を長くするとこんなにコストになる。これをわかったうえで、経営者は仕事量を決める必要があるということ。」

「『一寸の光陰軽んずべからず』ですね。」

「少しの時間外労働もおろそかにできないという意味では、そうだね。」

賃金とその支払いルール

ほとんどの人にとって「お金を得ることが、仕事をする目的の1つ」であることは否定できないでしょう。生きていくために働く。働いて生活の糧を得る。そういうことです。

では、労働基準法で、「賃金」についてどのような規定があるでしょうか。いくつかの条文を見ていきましょう。

○労働基準法
11条 この法律で賃金とは、賃金、給料、手当、賞与その他名称の如何を問わず、労働の対償として使用者が労働者に支払うすべてのものをいう。

賃金とは要するに、給料・報酬といった呼び方とは関係なく、雇われている者に仕事の対価として支払われる「お金」のことだとご理解いただければよいです（なお、「使用者が」支払うものですから、レストランやホテルのチップはこれに該当しません。また、たとえば出張旅費の実費精算、あるいは親族が亡くなった際の弔慰金で就業規則に書かれていないものは「労働の対償として……支払う」に該当しないとされています。細かい話ですが、弔慰金でも「こういった場合には払う」と就業規則に書かれていれば、それは労働者の権利がある賃金ということになります）。

さて、前に見ましたが、労働者の定義は次のとおりです。

○労働基準法
（定義）
9条 この法律で「労働者」とは、職業の種類を問わず、事業又は事務所（以下「事業」という。）に使用される者で、賃金を支払われる者をいう。

つまり9条と11条を合わせて考えると、「**賃金すなわち使用者が労働者に対して支払うものを、使用者から支払われるものが労働者**」ということになります。……ん？　こういうのを**トートロジー、自己循環論法**というんです！　と、ちょっと茶化してみましたが、2章で見たとおり実際に労働者か否かをわけるポイントとして「払われているものが賃金か否か」は付随的な判断になります。

次、賃金支払いのルールです。

○労働基準法

（賃金の支払）

24条①　賃金は、通貨で、直接労働者に、その全額を支払わなければならない。ただし、法令若しくは労働協約に別段の定めがある場合又は厚生労働省令で定める賃金について確実な支払の方法で厚生労働省令で定めるものによる場合においては、通貨以外のもので支払い、また、法令に別段の定めがある場合又は当該事業場の労働者の過半数で組織する労働組合があるときはその労働組合、労働者の過半数で組織する労働組合がないときは労働者の過半数を代表する者との書面による協定がある場合においては、賃金の一部を控除して支払うことができる。

②　賃金は、毎月1回以上、一定の期日を定めて支払わなければならない。ただし、臨時に支払われる賃金、賞与その他これに準ずるもので厚生労働省令で定める賃金（第89条において「臨時の賃金等」という。）については、この限りでない。

24条でいくつかのルールがあります。ここでは1項の「通貨で」「直接」「その全額を」、また2項の「毎月1回以上、一定の期日を定めて」支払わなければならないという、4つに分けて見ていきます。

第一の「**通貨払い**」については、わが国においては日本円で支払うということです。米ドルですとかユーロですとか、ましてや**大根**で支払うことは認められていません。大根で払おうと思う使用者は少ないでしょうが、「その会社が発行するポイントやマイル」も通貨には該当しないということです。ただし1項の但し書きにある「確実な支払の方法で厚生労働省令で定めるものによる場合」として、労働者の同意を得た場合の銀行振り込み等は認められています。

第二の「直接払い」については、読んで字のごとく労働者に直接支払うというルールです。間に入った者による中間搾取を防止することで労働者を保護するためです。たとえ労働者が未成年であっても、代わりに保護者である親に支払うことは認められていません。この点については別途条文があります。

○労働基準法
59条　未成年者は、独立して賃金を請求することができる。親権者又は後見人は、未成年者の賃金を代って受け取ってはならない。

親が子どもを搾取しているかもしれないですからね（搾取する親は子に直接払われたお金であっても奪うでしょうが、それでも親に直接払われるよりはマシです）。

第三の「全額払い」とは、つまり「使用者側の持つ債権と相殺した上で支払ってはならない」という意味です。たとえば、「お前のミスでこの商談がダメになった。この商談からは20万円くらいの利益が見込めたんだ。だから今月の給料から20万円を差し引く」と社長が主張しても認められないわけです。この部分の違反は、知識がないことにつけこむ形で学生バイトへの支払いの場合に結構多く行われていると聞きますので、是非気を付けていただければと思います。

第四の「毎月1回以上・定期日払い」については、仮に労働者の賃金が年俸制で決まっていようが、少なくとも毎月、期日を定めて（例えば毎月20日、ただし20日が土日の場合はその前の金曜といった形で）支払う必要があるということです。年俸制で賃金が年に1200万円であったとしても、1200万円を一度にもらったのでは人間なかなか計画的に遣えないものです。また後で見るように年俸制であっても時間外労働の割増賃金を支払わなければならないので、どのみち「年俸制だからこの金額を支払えばおしまい」とはならない点にも留意が必要です。

最低賃金

多くの方はご存知でしょうが、最低賃金法により地域ごと（2023年現在では都道府県ごと）に最低賃金が定められています。使用者は、時給換算してその地域の最低賃金以上の額の賃金を支払わなければなりません。

最低賃金が1000円の地域で「君は新人だから時給900円」と言ったところで、仮に労働者側が納得の上で同意したとしても、最低賃金法により時給は1000円であるとされ、使用者はそれだけの賃金を支払う必要があります。「最低賃金法は強行法規である」とは「労使の合意の有無にかかわらず最低賃金法に反することができない」ということだという3章の説明を思い出してください。

休業の場合の賃金は？

労働者としては働く用意があったのに、会社の休業により働けなかった場合、その賃金はどのような扱いとなるでしょうか？

法律の規定を確認しておきましょう。

○民法
（債務者の危険負担等）
536条① 当事者双方の責めに帰することができない事由によって債務を履行することができなくなったときは、債権者は、反対給付の履行を拒むことができる。
② 債権者の責めに帰すべき事由によって債務を履行することができなくなったときは、債権者は、反対給付の履行を拒むことができない。この場合において、債務者は、自己の債務を免れたことによって利益を得たときは、これを債権者に償還しなければならない。

1項によれば、使用者と労働者のどちらにも責任がない理由で休業となった場合（たとえば大地震により事業場が破壊された場合など）には、「債権者（この場合は使用者）は、反対給付の履行を拒むことができる」、つまりこの場合に賃金を支払わなくてよいということです。

2項に規定されているのは、使用者の責任によって労働者が働けなくなった場合（たとえば、事業場の鍵を使用者が開け忘れたために労働者が事業場に入れなかった場合、整備不足で工場の機械が止まってしまったために労働者の作業ができなかった場合など）には、「債権者（使用者）は、反対給付の履行を拒むことができない」、つまり賃金の全額を支払うことが必要であるということです。公平なルールだと思います。

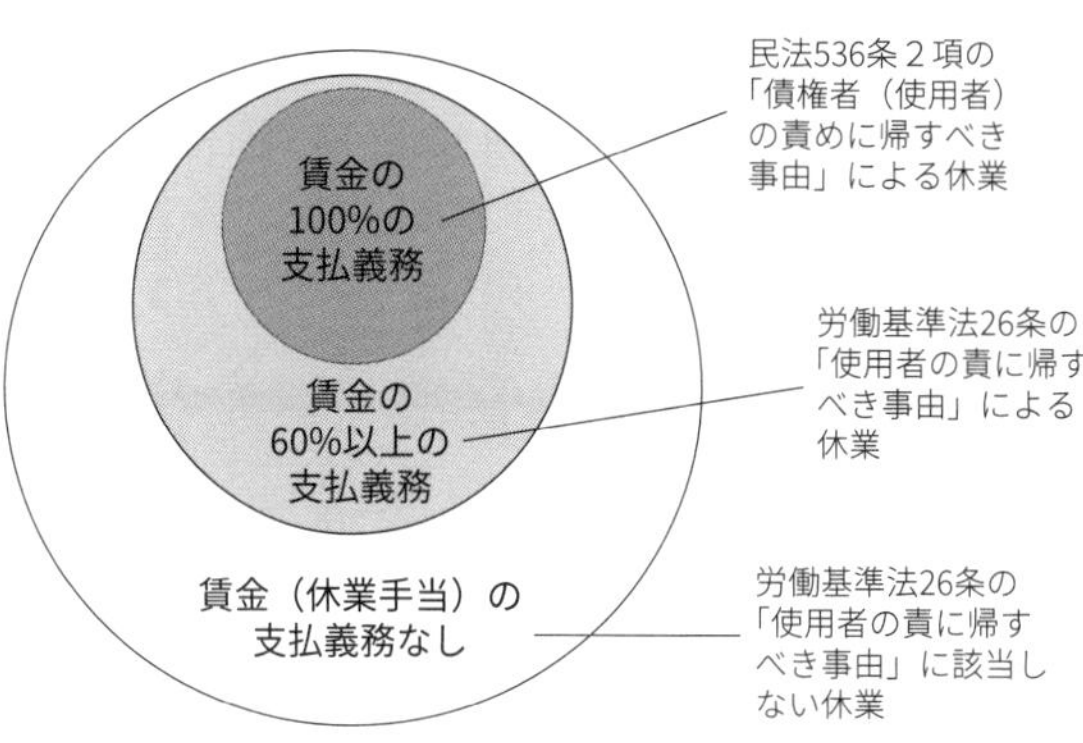

なお、労働基準法では、次の規定があります。

○労働基準法
（休業手当）
26条　使用者の責に帰すべき事由による休業の場合においては、使用者は、休業期間中当該労働者に、その平均賃金の１００分の60以上の手当を支払わなければならない。

つまり労働基準法では賃金の全額でなく「６割以上」とされているということです。この点、細かい説明は省略しますが、要するに民法の規定の場合の方がこの労働基準法26条の「使用者の責に帰すべき事由」の範囲より狭く、民法に該当しないが労働基準法に該当する場合には全額ではなく６割になるということです。これを図示すると上のとおりです。

この点、ストライキを行うか否かは労働組合が判断するのだから、労働組合がストライキを行った結果としての休業に使用者の責任はなく、賃金を支払う必要はない、と述べた最高裁判決があります（最高裁第二小法廷判決昭和62年7月17日**【ノースウェスト航空事件】**）。

会社が倒産したら？

ある日突然あなたの会社が倒産した場合、まだもらっていない賃金はどうなるのでしょうか？　民法のルールに従えば、「あなたが持つ債権（給料を払ってもらえる権利）に基づいて、裁判所に請求して会社の財産を差し押さえる」なりしてあなたの賃金債権を回収することになるわけですが、裁判を起こすのは手間も時間もかかりますし、何より会社にろくな財産がなければ差し押さえようがありません。このような場合、労働者であるあなたは泣き寝入りするしかないのでしょうか？

このような場合の扱いについては、条文は省略しますが労働基準法ではなく「賃金の支払の確保等に関する法律」が定めており、倒産した会社からもらうはずだったのに受け取れていない賃金がある場合は、労働者が請求すれば（上限がありますが）その8割を政府が立替払いしてくれる、という制度になっています。こういう事態に遭遇したときは、きちんと請求するようにしましょう。

時間外労働等に対する割増賃金

ここからは、時間外労働等を行った場合の賃金について見ていきます。

法定時間外労働、休日労働、そして深夜労働を行わせた場合、使用者は労働者に対して割増賃金を支払わなければなりません。つまり時給に換算して通常より高い賃金ということです。

労働基準法と関係法令の条文は次のとおりです。

〇労働基準法

37条①（時間外、休日及び深夜の割増賃金）

使用者が、第33条又は前条第1項の規定により労働時間を延長し、又は休日に労働させた場合においては、その時間又はその日の労働については、通常の労働時間又は労働日の賃金の計算額の2割5分以上5割以下の範囲内でそれぞれ政令で定める率以上の率で計算した割増賃金を支払わなければならない。ただし、当該延長して労働させた時間が1箇月について60時間を超えた場合においては、その超えた時間の労働については、通常の労働時間の賃金の計算額の5割以上の率で計算した割増賃金を支払わなければならない。

④ 使用者が、午後10時から午前5時まで（厚生労働大臣が必要であると認める場合においては、その定める地域又は期間については午後11時から午前6時まで）の間において労働させた場合においては、その時間の労働については、通常の労働時間の賃金の計算額の2割5分以上の率で計算した割増賃金を支払わなければならない。

〇労働基準法第三十七条第一項の時間外及び休日の割増賃金に係る率の最低限度を定める政令

労働基準法第37条第1項の政令で定める率は、同法第33条又は第36条第1項の規定により延長した労働時間の労働については2割5分とし、これらの規定により労働させた休日の労働については3割5分とする。

これらにより、使用者は最低でも、法定時間外労働については25％増しの、休日労働については35％増しの、午後10時から午前5時までの深夜労働については25％増しの、そして月60時間を超えた時間外労働については50％増しの、賃金を支払わなければなりません。「最低でも」ですから、もちろんこれを超えた額を支払っても構いませんが、この額に満たなければそれは違法ということになります。

また前章で少しだけ予告しましたが、ここでいう「休日」とは「法定休日」つまり「週1日（以上）」とされている分です。週休2日、たとえば通常は土日が休みの職場だとして、ある週の日曜にだけ出勤した（土曜は休日だった）場合は、労働基準法にいう「休日労働」には該当しません。それが法定時間外労働（つまり週40時間を超える労働）に該当した場合は、見たとおり25％増しの割増賃金を支払えば（つまり35％増しでなくても）違法ではないということになります。

さて、法定時間外労働が同時に深夜労働にも当たる場合や、月60時間を超えた労働が同時に休日労働にも当たる場合などはどのように計算されるのでしょうか？

この場合は、労働基準法施行規則20条1項と2項に規定されていますが、①法定時間外労働が同時に深夜労働にも当たる場合、②月60時間を超える時間外労働が深夜労働にも当たる場合、そして③休日労働が深夜労働にも当たる（つまり休日の深夜に労働した）場合には、それぞれの割増率が合算されます。①の場合には25＋25で50％以上、②の場合には50＋25で75％以上、③の場合には35＋25で60％以上の割増賃金を支払わなければならないということです。これは逆にいえば、休日労働と法定時間外労働、また休日労働と月60時間を超える時間外労働については合算されず、前者は35％以上、後者は50％以上の割増賃金を支払えば足りるということになります。

しかしここまで「25％以上」ですとか「60％以上」の割増賃金を支払わなければならないと述べてきましたが、「何の」25％以上なのでしょうか？　条文は以下のとおりです。

○労働基準法
（時間外、休日及び深夜の割増賃金）
37条⑤　第1項及び前項の割増賃金の基礎となる賃金には、家族手当、通勤手当その他厚生労働省令で定める賃金は算入しない。

○労働基準法施行規則

21条　法第37条第5項の規定によって、家族手当及び通勤手当のほか、次に掲げる賃金は、同条第1項及び第4項の割増賃金の基礎となる賃金には算入しない。
一　別居手当
二　子女教育手当
三　住宅手当
四　臨時に支払われた賃金
五　1箇月を超える期間ごとに支払われる賃金

労働者に支払われる賃金のうち、「家族手当、通勤手当といった各労働者の個別の状況に応じて支払われるもの」また「賞与（ボーナス）等の1か月を超えた期間ごとに支払われるもの」を除いた額（の25％等割増）、ということです。1か月の基本給部分を時給換算したもの、というのが近いでしょう。

時間外労働分の定額払いについて

ここでは、たまに見られる「月20時間分の残業代（＝時間外労働に対する割増賃金分）も含め月給〇万円」という募集（あるいはその旨の労働契約）について考えましょう。このような労働条件、また労働契約は可能なのでしょうか？

結論から言うと可能です。これは、時間外労働がなくても、あるいは時間外労働が月5時間であっても10時間であっても20時間であっても、一定額（20時間の時間外労働の割増賃金分を含めた賃金）を支払うということです。労働基準法は最低基準を定めるものであり、「時間外労働をしていなくても時間外労働の割増賃金を支払います」というのは自由です。もちろんその額は最低賃金法その他の強行法規に反することはできませんが。

ただ是非誤解しないでいただきたいのは、「こういった契約だからいくら残業（時間外労働）しても給料は定額だよ。残業代が別途発生するなんてことはないからね」ということはあり得ないということです。これはつまり、何時間までの時間外労働か特定していないような「残業代も含めて月給○万円」といった労働契約は認められないということですし、また「年俸制だから残業代という概念はないんだよ」などという主張は通らないということです。これまで繰り返し述べてきたとおり、契約の手法を駆使し、あるいは外形を整えることで、使用者が本来の労働法上の義務（ここでは割増賃金の支払い）から逃れられるなどという甘い世の中でないことは肝に銘じていただきたいと思います。

これについて実際の判例を見ていきましょう。年俸1700万円の労働者に関する最高裁判決です。使用者にとってまったく甘くないことがおわかりいただけるでしょう。というか最高裁がキビシイ…。

「使用者が労働者に対して労働基準法37条の定める割増賃金を支払ったとすることができるか否かを判断するためには、割増賃金として支払われた金額が、通常の労働時間の賃金に相当する部分の金額を基礎として、労働基準法37条等に定められた方法により算定した割増賃金の額を下回らないか否かを検討することになるところ、同条の上記趣旨によれば、割増賃金をあらかじめ基本給等に含める方法で支払う場合においては、上記の検討の前提として、労働契約における基本給等の定めにつき、通常の労働時間の賃金に当たる部分と割増賃金に当たる部分とを判別することができることが必要であり……、上記割増賃金に当たる部分の金額が労働基準法37条等に定められた方法により算定した割増賃金の額を下回るときは、使用者がその差額を労働者に支払う義務を負うというべきである。

……前記事実関係等によれば、上告人と被上告人との間においては、本件時間外規程に基づき支払われるもの以外の時間外労働等に対する割増賃金を年俸1700万円に含める旨の本件合意がされていたものの、このうち時間外労働等に対する割増賃金に当たる部分は明らかにされていなかったというのである。そうすると、本件合意によっては、上告人に支払われた賃金のうち時間外労働等に対する割増賃金として支払われた金額を確定することすらできないのであり、上告人に支払われた年俸について、通常の労働時間の賃金に当たる部分と割増賃金に当たる部分とを判別することはできない。

したがって、被上告人の上告人に対する年俸の支払により、上告人の時間外労働及び深夜労働に対する割増賃金が支払われたということはできない。」（最高裁第二小法廷判決平成29年7月7日）

この事件では、年俸1700万円のうち、いくらが基本給（通常の労働時間に対する賃金）に当たり、いくらが時間外労働の割増賃金分に該当するか（何時間分の時間外労働が見込まれているか）が明らかではないため、年俸の支払いによって割増賃金も含めて支払われたということはできず、割増賃金分については別途計算する必要があるとされたのです。「1700万円なんていう金額は、常識で考えて残業代も込みだよ。わかるでしょ？」というのはまったく通らない。そんな主張が「一顧だにされない」というのはまさにこのことです。使用者にとっては「恐るべし最高裁」というほかないですね。なお、この最高裁判決による差戻し後の高裁の判決では単純に、基礎となる月の賃金額約120万円を所定労働時間約163時間で割って算出された時給約7400円を基礎に、時間外労働時間約289時間についてそのまま算定された割増賃金の支払いが命じられました（東京高裁判決平成30年2月22日）。

罰則について

本文にも何か所かに出てきますが、労働法違反を行う使用者に対して**罰則**がかけられることがあります！

最も重いのは強制労働禁止（労働基準法5条）に対する違反、つまり自由意思に基づかず、奴隷のように労働を強制した場合で、なんと**1年以上10年以下の懲役**とされています。ほか、たとえば労働時間や割増賃金の規制に関する違反についても規定上は**6か月以下の懲役**となる可能性があります。

つまり「サービス残業なんて、騒ぎ立てるほど大した違反じゃないよ。やってるの別にうちだけじゃないし」ということはまったくないのです。会社の人事部等も含め経営者側の皆さんは是非、気をつけてくださいね。

第7章　人事異動ってどういうこと?

「山本君、私はね、とても厳しい、怖い社長なのです。だから先日、生意気なだけで使えない部下を子会社に飛ばしてやったのだよ、永久に。」

「それは怖い。というかそもそも鈴木さんの会社に子会社なんてありましたっけ？」

「ない。（笑）あるわけないでしょ、創業3年目の会社なんだから。子会社どころか本体も余裕ないのに。さっきみたいなセリフ、一度言ってみたかっただけ。」

「言わなくていいです、怖いので。」

「まあ私の会社はまだ関係ないけど、山本君が入るような大きな会社でも『子会社への出向』イコール左遷とは限らないからね。ドラマの影響で誤解が広がったみたいだけど、この点は注意だよ。山本君は人事異動についてはどう思う？　仕方ない？　それともどんな部署で働くかを自分で決めたい？」

「まあ異動はあって仕方ないんじゃないかと思います。自分でも何が向いてるかわからないので、言われたことを一生懸命やろうと思います。」

「なるほどね。」

「そもそも、配属先を自分で決めるなんてことがあるんですか？」

「日本では珍しいよね。でも日本以外ではどの国もほぼそれが当然なんだよ。『会社から異動を命じられる』なんてことはなくて、就きたいポストに自分でアプライするという形式が普通。」

「そうなんですか？　知らなかった。」

「それで山本君は転勤についてはどう思う？」

「僕は転勤は嫌です。生まれてこの方ずっと東京だったので、東京圏から出たくないです。」

「地方都市もそれぞれに魅力があるし、住みやすいところも多いよ。私の地元の福岡なんかとてもいいところなのに。」

「自分の意思で引っ越すならいいんですけど、どうして会社に言われて地方に行かなきゃならないんだと思います。」

「そっか。山本君みたいな人はそんな機会でもないと地方都市に行かないと思うけどね。でも山本君の会社、3年くらい海外支店に行かないと出世コースから外れると思うよ。そこはいいの？」

「海外なら行きたいです。そこまで環境が違うなら面白そうかなと。」

「どういうこと？（笑）」

「『郷に入っては郷に従え』ということですかね。」

「いや、それ転勤した後の話だよね？」

※「地方都市は嫌だが、海外なら行きたい」というのは、実際に星田研究会で学生たちから上がった声です。私としては意外でした。

就業規則の根拠

労働者として働いている間には、よほど小さな会社でない限り多くの人は人事異動を経験します。転勤や子会社等への出向が命じられることもあるでしょう。また、非行により会社から懲戒処分を受ける、といったこともあるかもしれません。

本章ではこれらについて以下で見ていきます。出向や懲戒などについては基本的に就業規則に根拠が必要となるとご理解ください。なお、詳細は追って見ますが厳密には、単なる人事異動は就業規則に根拠がなくても可能です。

人事異動

日本では、これまで会社内で経理を担当していた労働者が「君、来週から営業に回ってくれ」と、あるいは商品開発を行っていた労働者が「人事担当になってほしい」と異動を命ぜられるのはごくありふれた光景であり、ほとんどの人はこのことに何の疑問も抱いておらず、会社とはそういうものだと思っています。ところがこれは国際的に見ればまったく当たり前のことではありません。

「……欧米のジョブ型雇用は、ポストを決めて雇用契約を結びます。たとえば「××営業所の営業2課の主任」として雇用し契約を結ぶ。そして、本人の同意がない限り配置転換ができません。本人の同意がなければ、「××営業所」から「△△営業所」に異動させることも、「営業2課」から「営業1課」に異動させることもできないのです。派遣社員の方と同じイメージです。一方、日本型雇用は、無限定雇用という点で、欧米型と大きく異なります。メンバーシップ型雇用では、会社が人事権（配置権）を持ち、他の職種、他の地域への異動が可能です。「ジョブ型では企業の人事権が制約されている。日本型では企業が強い人事権（配置権）を持つ」点が違うのです。」（海老原嗣生「日本型の「新卒一括採用」は、本当に悪なのか？」）

「このポストに」という雇用、また雇用契約となっているため、使用者の一存で異動させるということは当然に生ずることではない（本人の同意が必要）ということです。この点、濱口桂一郎『ジョブ型雇用社会とは何か』を見てみましょう。

「……日本以外の社会では、労働者が遂行すべき職務（job）が雇用契約に明確に規定されます。ところが、日本では、雇用契約に職務は明記されません。あるいは、明記されるか、されないかというよりも、そもそも雇用契約上、職務が特定されていないのが普通です。どんな仕事をするか、職務に就くかというのは、使用者の命令によって定まります。これは、日本人はあまりにも当たり前だと思っていますが、私はここに日本の雇用契約、日本の雇用システムの最大の特徴があると考えています。」（濱口桂一郎『ジョブ型雇用社会とは何か』25頁）

かみ砕いていうと、日本では（とりわけ一定規模以上の企業では）、欧米のような「この会社の経理係長として採用されています。担当の仕事は会社の経理のうち〇〇です」「この会社のマーケティング担当に就いています。消費者向け新商品のマーケティングを行います。異動？ないですよ」という形での採用・就職は（ないとは言いませんが）稀であり、多くの場合は「トヨタ自動車に入社した」「日本生命で働いている」といった形での採用・就職になり、労働者の職務（担当する仕事内容）はあらかじめ決まっておらず、「次は営業」「今度は経営戦略立案」というように会社の中で人事異動で命じられた仕事をすることになる、ということです。
つまり日本型の企業では、特段の根拠がなくても本来的に使用者が労働者の人事異動を行う権限を持っているわけです。
各企業が就業規則を定める際に参考にできるように厚生労働省はモデル就業規則を公表していますが、その「第8条　人事異動」の説明の中で次のように述べています。

「労働者を採用した後、会社が業務上の理由から就業場所や従事する業務を変更することは、変更がない旨の特別な合意等がない限り可能です。しかしながら、労働者の意に沿わない就業場所等の変更を命じた場合、トラブルが生じ得ますので、本規則のように就業規則に明記しておくことが望ましいと言えます。もちろん、労働者の同意を得るようにすることが大切であることは言うまでもありません。」

人事異動がある旨を「就業規則に明記しておくのが望ましい」ということは、そのような記述がなくても人事異動はできるということです。これが日本企業で（また日本国民の間で）当たり前に共有されている仕組みです。

転勤

勤務地が変更になる人事異動を転勤といいますが、ここでは「東京の大手町支店から日本橋支店（距離にして1㎞もありません）に転勤になった」という場合ではなく、転居を行わなければならない「東京から福岡へ」「名古屋から仙台へ」といった転勤を考えます。

先に見た厚生労働省のモデル就業規則の解説にもありましたように、使用者側が就業場所を変更することは、たとえば採用時に「勤務地は大手町支店とする」といった合意がない限り可能です。

一方で家族と同居している労働者が転勤になった場合、家族と一緒に引っ越せば配偶者の仕事の継続に支障をきたす・子どもが転校を余儀なくされるといった不利益が生じることがあり、その不利益を避けるために単身赴任をするというのでは多くの場合労働者自身に大きな不利益が生じます。このような状況下で、使用者による転勤命令を無制限に認めてよいものでしょうか。

この点に関して基本となる最高裁判決を見ていきましょう。

「……上告会社の労働協約及び就業規則には、上告会社は業務上の都合により従業員に転勤を命ずることができる旨の定めがあり、現に上告会社では、全国に十数か所の営業所等を置き、その間において従業員、特に営業担当者の転勤を頻繁に行っており、被上告人は大学卒業資格の営業担当者として上告会社に入社したもので、両者の間で労働契約が成立した際にも勤務地を大阪に限定する旨の合意はなされなかったという前記事情の下においては、上告会社は個別的同意なしに被上告人の勤務場所を決定し、これに転勤を命じて労務の提供を求める権限を有するものというべきである。

そして、使用者は業務上の必要に応じ、その裁量により労働者の勤務場所を決定することができるものというべきであるが、転勤、特に転居を伴う転勤は、一般に、労働者の生活関係に少なからぬ影響を与えずにはおかないから、使用者の転勤命令権は無制約に行使することができるものではなく、これを濫用することの許されないことはいうまでもないところ、当該転勤命令につき業務上の必要性が存しない場合又は業務上の必要性が存する場合であっても、当該転勤命令が他の不当な動機・目的をもってなされたものであるとき若しくは労働者に対し通常甘受すべき程度を著しく超える不利益を負わせるものであるとき等、特段の事情の存する場合でない限りは、当該転勤命令は権利の濫用になるものではないというべきである。右の業務上の必要性についても、当該転勤先への異動が余人をもっては容易に替え難いといった高度の必要性に限定することは相当でなく、労働力の適正配置、業務の能率増進、労働者の能力開発、勤務意欲の高揚、業務運営の円滑化など企業の合理的運営に寄与する点が認められる限りは、業務上の必要性の存在を肯定すべきである。

本件についてこれをみるに、名古屋営業所のG主任の後任者として適当な者を名古屋営業所へ転勤させる必要があつたのであるから、主任待遇で営業に従事していた被上告人を選び名古屋営業所勤務を命じた本件転勤命令には業務上の必要性が優に存したものということができる。そして、前記の被上告人の家族状況に照らすと、名古屋営業所への転勤が被上告人に与える家庭生活上の不利益〔引用者註：原審（大阪高裁）の認定によれば、母親・妻・長女と同居していた被上告人が、母親はその地から離れたことがなく、妻は保母（保育士）として働いていたため、単身赴任を余儀なくされること〕は、転勤に伴い通常甘受すべき程度のものというべきである。したがって、原審の認定した前記事実関係の下においては、本件転勤命令は権利の濫用に当たらないと解するのが相当である。」（最高裁第二小法廷判決昭和61年7月14日**【東亜ペイント事件】**）

最高裁はこの判決で「使用者側の転勤命令権の濫用は許されないが、不当な目的がある場合や労働者の不利益が通常より著しいような特段の事情がある場合でなければ転勤命令の濫用には当たらない」旨を述べています。その意味するところは「就業規則等に転勤がある旨の定めがあり、現に多くの労働者が転勤していて、かつ労働者もそれを知って入社しているような場合には、労働者の同意がなくても使用者（企業側）は転勤命令を発することができる」ということです。これは現在でも生きている（すなわち判例変更を受けていない）最高裁判決ですので、この理屈は現在も妥当すると考えられます。大きなポイントは「転勤が多い会社だと最初からわかって入っているでしょ」という点です。

この判決の昭和61年（つまり1986年）当時とは共働きが増えるなど時代がかなり変わりました。一方で、現在は多くの企業で「どこにでも転勤し、長時間労働を際限なく行える正社員か、そうではない派遣やアルバイトなどの非正規か」といった二択（かつてのほとんどの日本企業では当たり前でした）ではなく、もう少し柔軟な労働契約の類型を用意するようになりました。勤務地は○○県内に、労働時間もせいぜい午後7時までの時間外労働に限定するといった条件の、いわゆる「限定正社員」と呼ばれる類型です。厚生労働省もこのような「多様な正社員」の普及に努めています。こういった背景がありますので、仮に今争ったとしても、「明示的に勤務場所が限定されていない労働者については、使用者に基本的に転勤を命ずる権限がある」という最高裁の判断に変更はない可能性が高そうです。

出向

ある会社の従業員（労働者）という身分のまま、他の使用者の指揮命令を受けて働くことを「出向（在籍出向）」といいます。「3年の任期で子会社に行ってくれ」といった形です。私が厚生労働省から慶應大学へ出向したのもまさにこれに当たります（もちろん子会社ではありませんが）。この出向についてのルールはどうなっているでしょうか。労働契約法の規定は次のとおりです。

○労働契約法（出向）

14条 使用者が労働者に出向を命ずることができる場合において、当該出向の命令が、その必要性、対象労働者の選定に係る事情その他の事情に照らして、その権利を濫用したものと認められる場合には、当該命令は、無効とする。

ここで「出向を命ずることができる場合において」とは、おおむね「労働協約や就業規則に記述がある場合」と考えていただいて問題ありません。

転籍

元の使用者との労使関係を解消し、今後は命じられた別の使用者の指揮命令下に入ることを転籍と呼びます。たとえば「君は来月から子会社○○に移り、その△△部長として働いてくれたまえ。今までご苦労だった」といった場合です。

これについては、労働者の身分（誰に雇用されるか）が変わるわけですから、使用者の一存では行えず労働者による同意が必要です。つまり労働者はこのような使用者の打診を断ることができ、使用者が同意なく「転籍命令」を出しても無効になるということです。

ここまで、出向や転籍を含め、大きな意味での人事異動について見てきました。

懲戒

次に使用者による労働者に対する懲戒を見ていきましょう。

会社のお金を使い込んだ（盗んだ）、上司の指示に反することをして会社に大損害を与えた、などという場合はもとより、社内で不倫関係になって職場で修羅場に陥り職場の秩序を乱したといった場合も、たいていの場合は懲戒処分が行われるでしょう。

この懲戒処分についてのルールはどうなっているでしょうか？　条文を確認しましょう。

○労働基準法

（作成及び届出の義務）

89条　常時10人以上の労働者を使用する使用者は、次に掲げる事項について就業規則を作成し、行政官庁に届け出なければならない。次に掲げる事項を変更した場合においても、同様とする。

九　表彰及び制裁の定めをする場合においては、その種類及び程度に関する事項

○労働契約法

（懲戒）

15条　使用者が労働者を懲戒することができる場合において、当該懲戒が、当該懲戒に係る労働者の行為の性質及び態様その他の事情に照らして、客観的に合理的な理由を欠き、社会通念上相当であると認められない場合は、その権利を濫用したものとして、当該懲戒は、無効とする。

労働基準法89条の「制裁」と労働契約法15条の「懲戒」は同じ意味だとされています。

まずは、労働基準法89条により、懲戒を行うためには就業規則上にどのような懲戒を行うのか（譴責（けんせき）だけなのか、懲戒解雇まであり得るのか、減給処分の場合は何％の減給なのか等）の根拠が必要だということです。就業規則上に根拠がなければ、仮に労働者が使用者による指示に違反して会社に大損害を与えても懲戒処分が行えないということになります。よって使用者の立場では、厚労省が公表しているモデル就業規則なども参考

に就業規則を定めておくとよいでしょう。

なお、減給の懲戒処分については、次のとおりとされています。

○労働基準法

（制裁規定の制限）

91条 就業規則で、労働者に対して減給の制裁を定める場合においては、その減給は、1回の額が平均賃金の1日分の半額を超え、総額が1賃金支払期における賃金の総額の10分の1を超えてはならない。

つまり「お前の非行は重大だ。よって今月は60％の減給処分だ」などということは認められないということです。1回の非行に対しては「1日分の半額」まで（つまり月給制で月給が単純に30日分の賃金と考えられるのであれば、月給の60分の1まで）であり、仮に月に複数の非行を行ったとしても「1賃金支払期における賃金の総額の10分の1」までですので、月給の10％を超えて減給することはできません。6章で見た「賃金の全額払いの原則」と同様、労働者の生活を守るためという趣旨です。

懲戒処分に関する最高裁の判断を2つ見てみましょう。

「労働者は、労働契約を締結して雇用されることによって、使用者に対して労務提供義務を負うとともに、企業秩序を遵守すべき義務を負い、使用者は、広く企業秩序を維持し、もって企業の円滑な運営を図るために、その雇用する労働者の企業秩序違反行為を理由として、当該労働者に対し、一種の制裁罰である懲戒を課することができるものであるところ、**右企業秩序は、通常、労働者の職場内又は職務遂行に関係のある行為を規制することにより維持しうるのであるが、**職場外でされた職務遂行に関係のない労働者の行為であっても、企業の円滑な運営に支障を来すおそれがあるなど企業秩序に関係を有するものもあるのであるから、使用者は、企業秩序の維持確保のために、そのような行為をも規制の対象とし、これを理由として労働者に懲戒を課することも許されるのであり……、右のような場合を除き、労働者は、その職場外における職務遂行に関係のない行為について、使用者による規制を受けるべきいわれはないものと解するのが相当である。」（最高裁第一小法廷判決昭和58年9月8日**［関西電力事件］**）

労働者は企業秩序順守義務を負い、使用者は企業秩序を維持するために懲戒処分を行えるのだから、職場外での仕事と関係のない行為については、企業秩序を乱すものだけについて懲戒処分が可能となる、という趣旨です。この事件では、職場外で企業を中傷するビラをまいたことについて「懲戒処分は可能」と判断されました。

次の事件は、懲戒処分が無効とされた事件です。

「使用者の懲戒権の行使は、企業秩序維持の観点から労働契約関係に基づく使用者の権能として行われるものであるが、就業規則所定の懲戒事由に該当する事実が存在する場合であっても、当該具体的事情の下において、それが客観的に合理的な理由を欠き、社会通念上相当なものとして是認することができないときには、権利の濫用として無効になると解するのが相当である。」（最高裁第二小法廷判決平成18年10月6日**［ネスレ日本事件］**）

この判決では、非行から長い時間（7年以上）が過ぎた後の懲戒処分が無効とされました。なお、先に見た労働契約法15条はこの判決がベースになっています。

第8章

女性が働きづらい日本。そんなんじゃダメだ！

「山本君は、将来設計というか人生プラン、どんなふうに考えてる？」

「まあとりあえずは仕事を頑張りますが、将来的には結婚して子どもも持ちたいと思ってます。そして子どもができたら僕自身、育休を取りたいです！」

「山本君、エラい！　その気持ちを忘れないでね。」

「というか、自分の子どもだったら自分も育てたいと思うのって当たり前ですよね。男性が育休を取ったところでほめられるようなことでもないと思うんですが。」

「そのとおり！　素晴らしい！」

「でも、忙しい部署に配属されたりしたら、やっぱり育休なんか取りづらいでしょうね。その場合は奥さんに取ってもらうのかなあ。」

「この愚か者めが…。」（と鈴木さん、懐から鎖がまを取り出す）**「先ほどはほめて損したわ。口では美しいことを述べながらその実、結局のところ『子育ては母親がするもの』と心の奥底から信じ切っている貴様の本性ここに見たり！　その腐った性根を叩き直してくれる！」**　チャリンッ（鎖がまが山本君の頭をかすめる音）

「ひぃぃ…申し訳ございませぬ。今のは失言でございました。ただ仕事をがんばりたいと思うあまり…。」

「仕事をがんばりたいのは女性も同じだわ、このすっとこどっこいめ！」　チャリンッ　**「おぬしが申しておるのは、『育休はできれば取りたいけど、仕事に支障があるから取れないよね』ということよ。何が今どきの若者ぞ、笑わせてくれる。昭和の時代となんら変わらぬではないか！」**

「ひぃぃ…いや、昭和の時代にはまだ育休制度なんてなかったはず…。」

「ほほう、この私に口ごたえすると申すか。よかろう…。」

「いえ、めっそうもございませぬ！」

「…と、山本君、こんな流れになりかねないよ。」（と鈴木さん、鎖がまをしまって）**「そういう考え方がダメなんだというのは本当だよ。それでは日本社会はいつまで経っても何も変わらない。」**

「確かにそのとおりですね。反省しました。でも鎖がまはよく懐に入りましたね。こん棒といい鎖がまといい、完全にドラクエですね。」

「いや、鎖がまはバガボンドの宍戸梅軒の影響。」

「そっちすか。まあドラクエもですが、若い人はバガボンド読んでますかね？　こん棒はともかく鎖がまを持ち歩いたら普通に銃刀法違反だと思いますよ…。」

「まあ鎖がまの話はいいよ。ただ、男性は育休を取ると仕事に響くかもしれないから取るのを控える。女性は夫が取らないんだから仕事に響こうが響くまいが育休を取るしかない。これが、普通にこれまでの日本社会の構図だよね。変えていこうよ。」

「おっしゃるとおりです。勉強になりました。『千里の道も一歩から』ですね。」

「変えていく姿勢としては本当にそのとおり！」

この章で休業制度も扱います

この章では基本的に「職場における男女の平等」を扱いますが、ここで育児休業制度について説明しますので、その他の休業についても併せて解説することにします。

一方で、セクハラ・マタハラなどのハラスメントとその対策については、次章でまとめて扱います（セクハラについて割いた分量が多いですが）。

さて性別については「男性」「女性」以外にＬＧＢＴＱといった性的マイノリティがあります。本書では紙幅の都合から主として男性・女性を取り上げ、性的マイノリティに立ち入って論じることはできませんが、「男性や女性に対する差別はダメだけど、マイノリティに対する差別は仕方ないよね」という趣旨ではもちろんありません。どのような性であっても、誰もが働きやすい、差別を受けることのない職場環境が望まれます。

男女雇用機会均等法の目的

「戦後」というと少し広すぎますが、とりわけ１９７０年から１９８０年前後の日本社会では、「夫はサラリーマンとして稼ぎ、長時間労働をして仕事に集中。妻は仕事をせずに家庭にとどまり、家事や育児を一身に担って、稼ぐ夫を支える」という「性別役割分業」がごく普通のことと認識されていました。男性であれ女性であれ多くの人はそれを望ましい生き方であるか、少なくとも「仕方のないこと」と受け止めていたのです。

しかし時代は変わりました。高等教育を受ける女性の数も増え、またそもそも筋力が必要な肉体労働も減ってきました。これはすなわち「男性の方が有利な」「女性が行うことが困難な」仕事が減り、世の中の仕事の多くは男女が平等に担えるようになったということを意味します。

こうした背景があり、女性の労働に関する最も基本となる法律「男女雇用機会均等法」(均等法)が1985年に制定され、翌1986年に施行されました。厳密にはこの法律は元となる法律を全面改正したという事情があり、法律番号でわかる制定された年は昭和47年つまり1972年となっていますが、皆さんは単に「1985年に制定された」と考えていただく方がよいです(つまり「実は1972年制定なんだよ」という方が不正確です)。それから何度か大きな改正が行われ、今に至ります。

この均等法について、労働省婦人少年局長としてその制定に尽力された赤松良子さんが2021年12月の日経新聞の「私の履歴書」にその時の経験を書かれていました。「涙なしでは読めない」大変な苦労をされたことがよく伝わってきますが、その一部を引用させていただきます。

「(男女雇用機会均等法案の調整について)労使の対立は激しかった。「女性に参政権なんか持たせるから歯止めがなくなってしまっていけませんなあ」。そう財界の大物に言われたこともある。社会の関心も呼んだ。「均等法は文明の生態系を破壊する」などというものすごい題目の論文まで現れた。

私をしばしば励ましてくれるフレーズがある。「男女平等の実現のための、長い列に加わる」という言葉だ。」(赤松良子「私の履歴書」日本経済新聞2021年12月1日朝刊)

時代を感じます。「女性に参政権なんか持たせるから…」と発言した財界の大物は、自分が変なことを言っているとはまったく思っていなかったでしょう。彼にとって「仕事とは男性がするもの。政治も男性が決めるもの」というのはごく自然な、当たり前のことだったのです。今このような発言をする人はほとんどいないでしょうが、それは「そう思っているけど、言うと炎上するからそのリスクを考えて」というより「このように考える人自体がほとんどいなくなったから」です。社会を構成するメンバーには、その性別にかかわらず社会のことを決める権利、決定に参画する権利がある。大半の人にとってこれは当然であり、このことを疑う人は今や少ない。「いや、決めるのは男性だけだ。女性（ほか）にはそんな能力はない、あるいは女性（ほか）にも権利があるのはおかしい」などと信じる人はほとんどいなくなったのです。社会の進歩だといえるでしょう。

ではこのような苦労を経て成立した均等法の目的などについて、条文から確認しておきましょう。

○男女雇用機会均等法

（目的）

1条 この法律は、法の下の平等を保障する日本国憲法の理念にのっとり雇用の分野における男女の均等な機会及び待遇の確保を図るとともに、女性労働者の就業に関して妊娠中及び出産後の健康の確保を図る等の措置を推進することを目的とする。

（基本的理念）

2条① この法律においては、労働者が性別により差別されることなく、また、女性労働者にあっては母性を尊重されつつ、充実した職業生活を営むことができるようにすることをその基本的理念とする。

② 事業主並びに国及び地方公共団体は、前項に規定する基本的理念に従って、労働者の職業生活の充実が図られるように努めなければならない。

2条2項では、基本的理念を守るように努力するのは一義的には事業主だと明らかにされています。

厚生労働省のパンフレットによれば、均等法は「雇用管理の各ステージ」、すなわち「募集・採用、配置（業務の配分及び権限の付与を含む）・昇進・降格・教育訓練、一定範囲の福利厚生、職種・雇用形態の変更、退職の勧奨・定年・解雇・労働契約の更新について、性別を理由とする差別を禁止して」いるものです。後で見るポジティブアクションを除いて、基本的に「労働者に対するあらゆる男女差別が禁止されている」と考えていただいてかまいません。

間接差別の禁止

均等法により「間接差別」も禁止されています。

間接差別とは直接差別に対比される用語です。「男性だけを採用する（昇進させる）。女性は採用しない（昇進させない）」と言えば、これは直接差別です。一方でこのように「男性だけ」「女性だけ」と言わなくても、身長や体力等の要件を設けることで事実上「男性だけ」に近い扱いを実現することができます。

たとえばスポーツ庁の「令和3年度体力・運動能力調査」によれば、20〜24歳の男性の握力の平均値は45・06kg（標準偏差7・17）、女性の握力の平均値は26・84kg（標準偏差4・58）です。標準偏差の3倍以上離れる標本割合は（上下両方を合わせて）約0・3％であることが知られているので、つまり握力が40・58kg（26・84に4・58の3倍を加えたもの）以上の20〜24歳の女性は、その年齢階層全体の女性の0・15％程度、つまり500人に1人もいないことになります。ということは、40・58kgなど一定の握力を要件とすれば、

（男性を全員含めることこそできないものの、）ほとんどの女性つまり500人の女性のうち499人を排除することが可能となります。このようにほとんどの女性がクリアできないような体力の要件を課して「男性だけ」「女性だけ」と明示的に言うことなく女性を排除して男性だけを選ぶようなことを「間接差別」というわけです。

均等法の条文を見てみましょう。

○男女雇用機会均等法

（性別以外の事由を要件とする措置）

7条 事業主は、募集及び採用並びに前条各号に掲げる事項に関する措置であって労働者の性別以外の事由を要件とするもののうち、措置の要件を満たす男性及び女性の比率その他の事情を勘案して実質的に性別を理由とする差別となるおそれがある措置として厚生労働省令で定めるものについては、当該措置の対象となる業務の性質に照らして当該措置の実施が当該業務の遂行上特に必要である場合、事業の運営の状況に照らして当該措置の実施が雇用管理上特に必要である場合その他の合理的な理由がある場合でなければ、これを講じてはならない。

○男女雇用機会均等法施行規則

（実質的に性別を理由とする差別となるおそれがある措置）

2条 法第7条の厚生労働省令で定める措置は、次のとおりとする。

一 労働者の募集又は採用に関する措置であって、労働者の身長、体重又は体力に関する事由を要件とするもの

二 労働者の募集若しくは採用、昇進又は職種の変更に関する措置であって、労働者の住居の移転を伴う配置転換に応じることができることを要件とするもの

三 労働者の昇進に関する措置であって、労働者が勤務する事業場と異なる事業場に配置転換された経験があることを要件とするもの

この7条の「当該措置の実施が雇用管理上特に必要である場合その他の合理的な理由がある場合」の例と

して、厚生労働省は「荷物を運搬する業務の場合に、その運搬に必要な筋力を要件とすること」「防犯目的の（単なる受付でない）警備員の業務について、身長や体重が一定以上であることを要件とすること」などを挙げています（「男女雇用機会均等法のあらまし」）。さきの握力の例では、一定の握力が仕事に本当に不可欠な要素でない限り、採用の際等に握力を要件とすることが禁じられることになります。

ポジティブアクション

ところで均等法は1条で見たように「雇用の分野における男女の均等な機会及び待遇の確保を図る」こと、つまり「仕事の場で男女の平等を実現する」ことを目的としているわけですが、これまでの仕事の場では男性ではなく基本的に女性が差別されてきた（女性が男性に比較して劣位に置かれてきた）ことは否定できません。つまりごく大ざっぱに言うと、均等法は「女性に対する差別をなくす」すなわち「女性の待遇を男性の水準にまで引き上げる」ことが大きな目標の1つになっているわけです。これを実現するためにいわゆるポジティブアクションを講ずることは禁じられていません。条文を確認しましょう。

○男女雇用機会均等法
（女性労働者に係る措置に関する特例）
8条　前3条の規定は、事業主が、雇用の分野における男女の均等な機会及び待遇の確保の支障となっている事情を改善することを目的として女性労働者に関して行う措置を講ずることを妨げるものではない。

たとえば「わが社の管理職（＝決裁権を有する者。実態によりますが、多くの会社の部長や課長などがこれに該当します）はいつまで経っても男性ばかり。これではダイバーシティの観点からも経営に影響があるから、3年以内に女性の管理職割合を引き上げるぞ！　社内でも『女性を積極的に登用していく』と公言しよう」ということはこの8条により許されます。ですが逆に「結局は男性の方が長時間労働をいとわずにやってくれることが多いなあ。だから管理職には男性を積極的に登用して、女性にはあきらめてもらおう」ということは許されません。

このように女性に対するポジティブアクションを講ずれば、男性側は損をすることになります。たとえばそれまで管理職の9割が男性だった会社で「女性の管理職を少なくとも3割にするぞ」となると、男性の管理職のポストは少なくなります。このような「それまでと比べて男性が損をすること」はポジティブアクションを認めている時点で織り込み済みのことで、そちらのデメリットよりも女性に対する均等待遇を実現する、ひいては社会を変えていくメリットの方が大きいという判断が行われたということです（1章の「利害調整ずみ」の議論を思い出してください）。つまり「女性に対するポジティブアクションで損をする男性がいる」ことはポジティブアクションを講ずべきでないという理由になりません。

さて均等法9条には妊娠や出産を理由とする不利益取扱いの禁止規定がありますが、これについては関連最高裁判決とともに後ほど見ましょう。

違反の場合

均等法違反があった場合には、都道府県労働局がその是正のための指導・助言・勧告を行うことになります。なお、都道府県労働局は厚生労働省の下にある地方組織（これを地方支分部局といいます）であり、つまりは地方自治体である各都道府県に置かれているのではなく国の機関です。

○男女雇用機会均等法
（紛争の解決の援助）
17条①　都道府県労働局長は、前条に規定する紛争に関し、当該紛争の当事者の双方又は一方からその解決につき援助を求められた場合には、当該紛争の当事者に対し、必要な助言、指導又は勧告をすることができる。

労働者としては、違反があったと考えた場合に、都道府県労働局に相談すればよいということです。

企業名公表制度

厚生労働省（都道府県労働局）は、均等法が守られているか調査し、あるいは企業に報告させることができ、違反があると認めた場合にはその是正のための勧告を行うことができます（男女雇用機会均等法29条）。また、その勧告に従わなかった場合は、企業名を公表することができます（同30条）。

今の日本で「均等法違反があるとして勧告され、それに従わなかった」と厚生労働省に公表されれば、新卒採用はもちろんのこと普段からの取引やひいては経営にも支障が生ずるでしょう。単純な均等法の各施策違反には罰則はありませんが（なお29条の報告義務違反についてだけは罰則があります）、この公表制度の抑止力は現在の日本においてはかなり大きいものと考えられます。この変化を考えても、ゆっくりではありますが社会が進歩していると私としては考えています。

妊娠・出産を理由とする差別の禁止

では最後に、先ほど説明を後回しにした、妊娠や出産による不利益取扱いの禁止について見ましょう。

○男女雇用機会均等法
（婚姻、妊娠、出産等を理由とする不利益取扱いの禁止等）
9条① 事業主は、女性労働者が婚姻し、妊娠し、又は出産したことを退職理由として予定する定めをしてはならない。
② 事業主は、女性労働者が婚姻したことを理由として、解雇してはならない。
③ 事業主は、その雇用する女性労働者が妊娠したこと、出産したこと、労働基準法（昭和22年法律第49号）第65条第1項の規定による休業を請求し、又は同項若しくは同条第2項の規定による休業をしたことその他の妊娠又は出産に関する事由であって厚生労働省令で定めるものを理由として、当該女性労働者に対して解雇その他不利益な取扱いをしてはならない。
④ 妊娠中の女性労働者及び出産後1年を経過しない女性労働者に対してなされた解雇は、無効とする。ただし、事業主が当該解雇が前項に規定する事由を理由とする解雇でないことを証明したときは、この限りでない。

1項と2項は結婚退職制度（また結婚による解雇）や出産退職制度の禁止です。現在の目から見れば当たり前ですね。ただ昔は「出産はもちろん、結婚したら女性は家庭の事情があって仕事をセーブしなければならない場面も出てきそうだ。職場の規律が乱れるから辞めてもらおう」という考え方があった、というより、「（単に補助的業務しかしていない）女性の賃金が年功賃金で上がっていく前に結婚退職制によって辞めてもらおう」という趣旨で多くの企業で堂々と導入されていたのです。裁判において企業側が正面からこの理屈を主張した例があります。現代ではそのようなことは考えられないので、これも時代の変化ですね。

3項は、妊娠や出産、また産前産後休業の請求などを理由とする不利益取扱いの禁止です。4項は妊娠してから出産後1年までの女性の解雇は基本的に無効であり、使用者側がその解雇が妊娠等を理由としていないことを証明する場合に限り認めるとしたものです。

この3項に関して最高裁判決が出されています。そしてこれは「さすがは最高裁」というにふさわしい、非常に優れた判決だと思いますので、長くなりますが少し詳細に見ていきたいと思います。

事案の概要は次のとおりです。

A部署の副主任だったX（上告人である労働者）が、妊娠を機に負担の少ないある業務を希望したため、Y（会社側。被上告人）はその希望通りに異動させたが、異動先の副主任のポストは埋まっていたため、副主任を免除する旨をXに説明し、Xは渋々これを受け入れた。Xは産休・育休取得後に職場復帰し、希望どおりもとのA部署に復帰したが、別の者がすでに副主任になっており、Xが再び副主任になることはなかった。これについてXが均等法9条3項違反であるとして提訴した事案。第1審（広島地裁）・控訴審（広島高裁）ともXが敗訴したため、上告したというものです。

判決は以下のとおりです（判決文中の「[1]」と「[2]」、また傍線は、筆者が付しました）。

「一般に降格は労働者に不利な影響をもたらす処遇であるところ、……均等法……（の目的や基本理念、第9条第3項の目的等）に照らせば、女性労働者につき妊娠中の軽易業務への転換を契機として降格させる事業主の措置は、原則として同項の禁止する取扱いに当たるものと解されるが、

[1] 当該労働者が軽易業務への転換及び上記措置により受ける有利な影響並びに上記措置により受ける不利な影響

の内容や程度、上記措置に係る事業主による説明の内容その他の経緯や当該労働者の意向等に照らして、当該労働者につき自由な意思に基づいて降格を承諾したものと認めるに足りる合理的な理由が客観的に存在するとき、又は［2］事業主において当該労働者につき降格の措置を執ることなく軽易業務への転換をさせることに円滑な業務運営や人員の適正配置の確保などの業務上の必要性から支障がある場合であって、その業務上の必要性の内容や程度及び上記の有利又は不利な影響の内容や程度に照らして、上記措置につき同項の趣旨及び目的に実質的に反しないものと認められる特段の事情が存在するときは、同項の禁止する取扱いに当たらないものと解するのが相当である。」

「……上告人は、被上告人から……本件措置による影響につき不十分な内容の説明を受けただけで、育児休業終了後の副主任への復帰の可否等につき事前に認識を得る機会を得られないまま、本件措置の時点では副主任を免ぜられることを渋々ながら受け入れたにとどまるものであるから、上告人において、本件措置による影響につき事業主から適切な説明を受けて十分に理解した上でその諾否を決定し得たものとはいえず、上告人につき……自由な意思に基づいて降格を承諾したものと認めるに足りる合理的な理由が客観的に存在するということはできないというべきである。

……本件措置については、被上告人における業務上の必要性の内容や程度、上告人における業務上の負担の軽減の内容や程度を基礎付ける事情の有無などの点が明らかにされない限り、……（前記の）均等法9条3項の趣旨及び目的に実質的に反しないものと認められる特段の事情の存在を認めることはできないものというべきである。」（最高裁第一小法廷判決平成26年10月23日）

ややこしいので補足すると、判決文で筆者が付した「［1］」の合理的な理由が客観的に存在するとは認められない、そして「［2］」中の「特段の事情」があったか否かを判断するため（判決文の最後の傍線部分の「業務上の必要性の内容や程度」等についてさらに審理するため）、高等裁判所に差し戻したという判決です。

それまでの下級審の判決は原審（最高裁に上告される前の高裁）判決も含めて、均等法9条3項の判断において基本的に「差別があったか否か」を判断していました。その判断枠組みで見れば、本件は「妊娠を機に軽易作業に移ったのは本人が望んだことでその際の降格はやむを得ず、育休からの復帰後は副主任のポストがなかったのだから仕方なく、いずれも差別とはいえない（使用者に差別の意図はない）」と判断せざるを得ません。ですが最高裁は「降格は原則として9条3項違反となるが、特段の事情等があればそうではない」と、判断の枠組みを変更したのです。均等法は単に「差別の禁止」をうたっただけのものではなく、女性を保護し、ひいては社会を変えていくためのものなのだというのが最高裁の考えなのです。これぞ最高裁、ですね。

さてここからは産休と育児休業について見ていきましょう。合わせて「職場における男女の平等」という本章のタイトルとそれほど関係が深くありませんが、他の休業制度についてもここで見ておくことにしましょう。

産前産後休業

いわゆる「産休」のことです。母体を保護するため、出産予定の、また出産後の女性に与えられる休業制度です。関係条文は以下のとおりです。

○労働基準法
（産前産後）
65条① 使用者は、6週間（多胎妊娠の場合にあっては、14週間）以内に出産する予定の女性が休業を請求した場合においては、その者を就業させてはならない。

② 使用者は、産後8週間を経過しない女性を就業させてはならない。ただし、産後6週間を経過した女性が請求した場合において、その者について医師が支障がないと認めた業務に就かせることは、差し支えない。

双子や三つ子といった多胎児でない場合は、出産予定日の6週間前からはその女性労働者の請求に基づいて、また出産後には請求の有無に関係なく、女性労働者を「就労させてはならない」つまり休業を与えなければならないということです。法律上の使用者の義務なのでそれによる不利益取扱いも当然できません。

一方で、労働基準法上「有給で休業を認めよ」とは規定されていません。では産休中の女性労働者の収入はどうなるでしょうか？

答えは「民間企業の労働者の場合、健康保険から基本それまでの賃金の3分の2の額の『出産手当金』が出る」です（健康保険法102条。なお公務員の場合はそのまま給料が出ます）。

育児休業制度

次に育休、「育児休業制度」です（「育児休暇」は誤った言い方です）。育児のため、子が誕生してから1歳になるまで、保育園に申し込んだが入れなかった等の事情があれば1歳半になるまで（さらに2歳まで）、男女にかかわらず取得できます。この点「母体の保護」を目的としているため母親しか取れない産休とは異なります。

育児休業期間においては、最初の6か月は（大ざっぱに言って）休業前賃金の67％が、その後は休業前賃金の50％が、雇用保険制度から育児休業給付として支払われます。

育児休業の関係条文は以下のとおりです。なお、先ほどの育児休業給付については雇用保険法に規定がありますが、条文があまりに長すぎるのでここでは省略します。

○育児介護休業法

(育児休業の申出)

5条①　労働者は、その養育する1歳に満たない子について、その事業主に申し出ることにより、育児休業をすることができる。ただし、期間を定めて雇用される者にあっては、次の各号のいずれにも該当するものに限り、当該申出をすることができる。

一　当該事業主に引き続き雇用された期間が1年以上である者

二　その養育する子が1歳6か月に達する日までに、その労働契約（労働契約が更新される場合にあっては、更新後のもの）が満了することが明らかでない者

③　労働者は、その養育する1歳から1歳6か月に達するまでの子について、次の各号のいずれにも該当する場合に限り、その事業主に申し出ることにより、育児休業をすることができる。ただし、期間を定めて雇用される者であってその配偶者が当該子が1歳に達する日（以下「1歳到達日」という。）において育児休業をしているものにあっては、第1項各号のいずれにも該当するものに限り、当該申出をすることができる。

一　当該申出に係る子について、当該労働者又はその配偶者が、当該子の1歳到達日において育児休業をしている場合

二　当該子の1歳到達日後の期間について休業することが雇用の継続のために特に必要と認められる場合として厚生労働省令で定める場合に該当する場合

［以下略］

このように制度上は何の違いもなく父親・母親とも育児休業を取得できる平等な制度となっています。

では実際に、何の違いもなく父親・母親とも育児休業を平等に取得しているでしょうか？

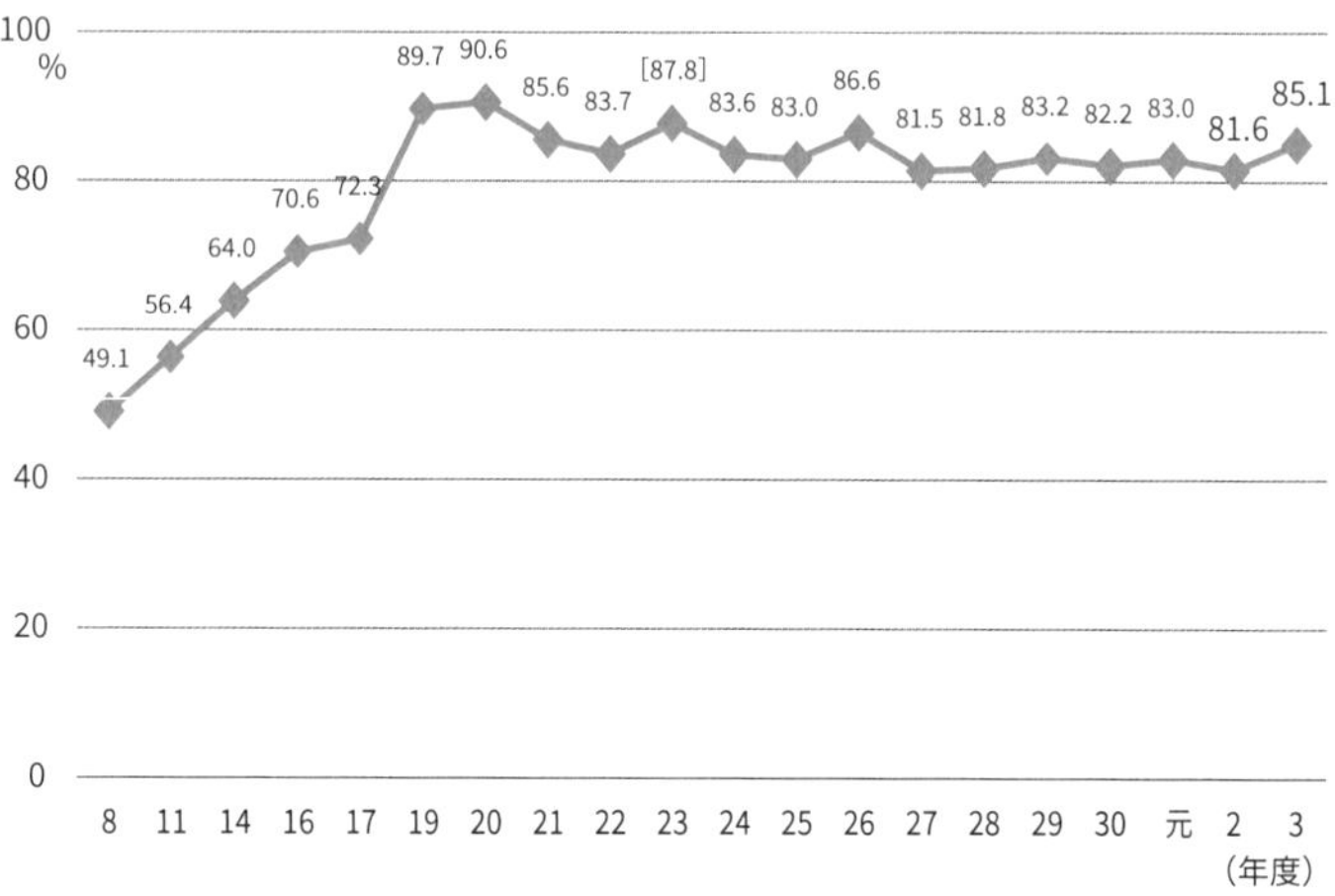

男性

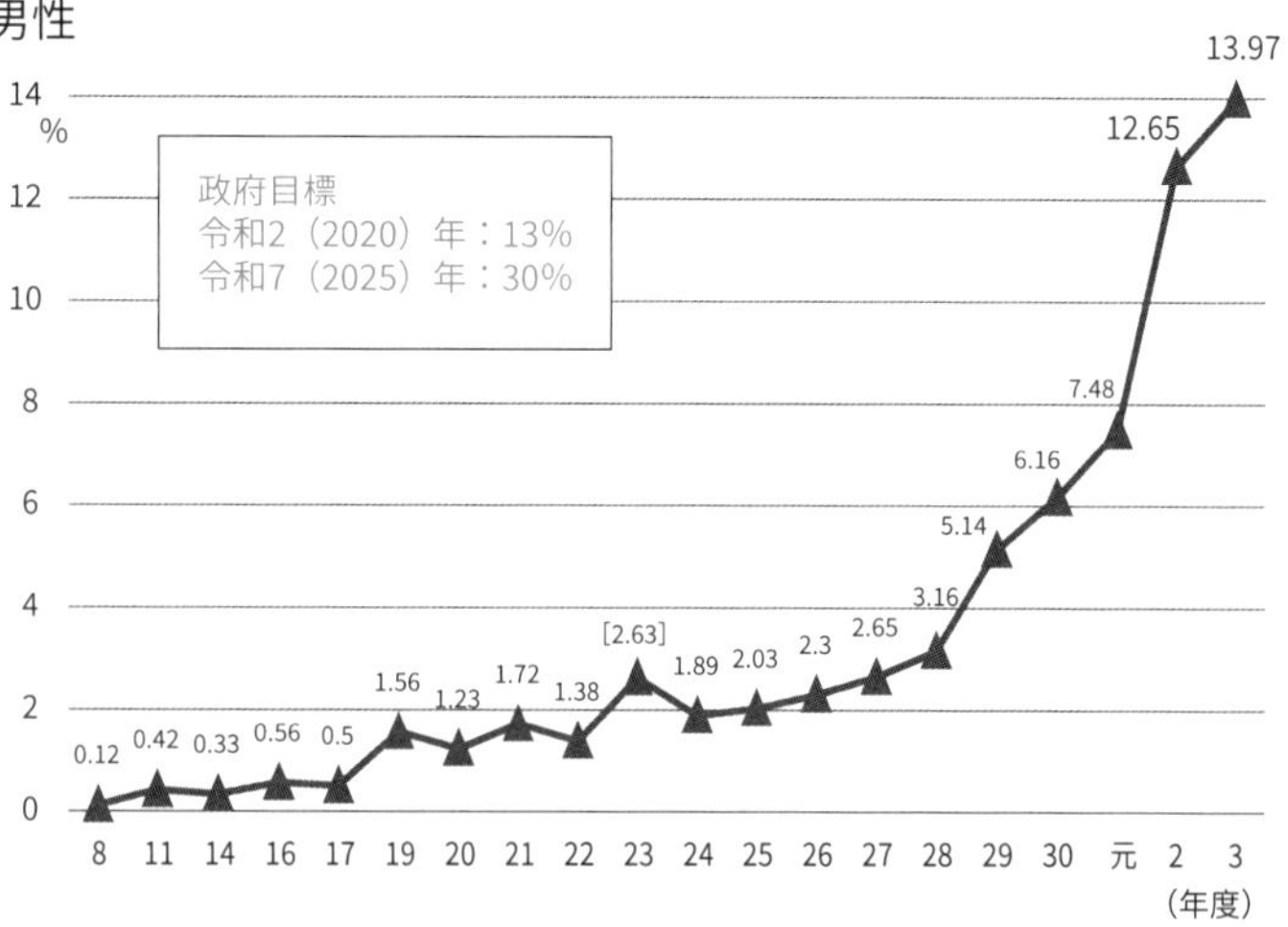

育児休業取得率＝ 出産者のうち、調査年の10月1日までに育児休業を開始した者(開始予定の申出をしている者を含む。)の数 ／ 調査前年の9月30日までの1年間の出産者（男性の場合は配偶者が出産した者）の数

出所：厚生労働省「令和３年度雇用均等基本調査」

		育児休業後復職者計	5日未満	5日～2週間未満	2週間～1か月未満	1か月～3か月未満	3か月～6か月未満	6か月～8か月未満	8か月～10か月未満	10か月～12か月未満	12か月～18か月未満	18か月～24か月未満	24か月～36か月未満	36か月以上
女性	平成27年度	100.0	0.8	0.3	0.6	2.2	7.8	10.2	12.7	31.1	27.6	4.0	2.0	0.6
	平成30年度	100.0	0.5	0.3	0.1	2.8	7.0	8.8	10.9	31.3	29.8	4.8	3.3	0.5
	令和3年度	100.0	0.5	0.0	0.1	0.8	3.5	6.4	8.7	30.0	34.0	11.1	4.5	0.6
男性	平成27年度	100.0	56.9	17.8	8.4	12.1	1.6	0.2	0.7	0.1	2.0	0.0	-	-
	平成30年度	100.0	36.3	35.1	9.6	11.9	3.0	0.9	0.4	0.9	1.7	-	0.1	-
	令和3年度	100.0	25.0	26.5	13.2	24.5	5.1	1.9	1.1	1.4	0.9	0.0	0.2	-

出所：厚生労働省「令和3年度雇用均等基本調査」

答えは皆さんご存知だと思いますが、実際のデータを確認しておきましょう。グラフと表のデータは厚生労働省が公表した「令和3年度雇用均等基本調査」から取りました。

これによれば、男性の育児休業取得率は急増してきており、2021年度はその急増した結果として13・97%です。女性の育休取得率はずっと8割以上で推移しています。こう見ると男性の育休取得率はまだまだ低いですが、一方でかなりのスピードで上昇しているのは事実です（コロナ禍で育休が取りやすい雰囲気になった等の影響があったかもしれず、今後の動向に注視が必要です）。また育休の期間について、2018年度には男性の育休の期間は1か月未満が8割以上だったのが、2021年度には1か月未満約69%、1か月以上3か月未満約25%と、着実に長くなっている。このように、より多くの男性がより長い育休を取る傾向にあるとは間違いなく言えます。しかしそれでも、男性平均で見れば女性より取得割合は低く、女性より取得期間も短いという結果となっています。

育休取得へのためらい

現在「男性が育休を取りづらい雰囲気が会社にある」という話をよく

聞きます。しかし、少しずつ男性育休取得率も上がってきて、期間も長くなってきており、また政府としても男性育休を後押しするための様々な施策を講じています。

一方で、私の授業では女子学生からも「いつでも育休が取れるとは限らない」というコメントを複数いただきました。たとえば少人数の課で先に妊娠して育休取得予定の女性がいた場合、自分も妊娠すると同僚たちに迷惑がかかるのではないか。育休取得ひいては妊娠のタイミングを調整しなければならないのではないか。この考え方はもっともなものでしょうか。ちょっと立ち止まって考えてみてください。子どもができたので（女性であれば産休を取得し）育休を取得すると、「同僚たちに迷惑がかかる？」。はたしてそうでしょうか。

では少し違う例を。ある会社では、いつも定時で仕事が終わるので三六協定が締結されていなかったとします。ある日予想外に大量の仕事が発生し、仕方がないので課のメンバーみんなで残業して対応しました。三六協定がないので皆の自発的な働きということにしました（つまりいわゆるサービス残業です）。あなたはその日、外せない用事があったので定時に退社しました。あなたもサービス残業ができた場合と比較すれば1人分減っているわけですからその分ほかの皆の仕事が増えました。つまり「同僚たちに迷惑をかけてしまった？」。

特に後者の例では違和感を覚える方も多いのではないでしょうか。三六協定がないということは、サービス残業はもちろん違法ですがそれ以前に時間外労働自体が違法です。まあ違法だと言っても労働者であるあなたが捕まるわけではない（責任を問われるのは使用者）ですが、この「違法なこと」をしないと他の人たちに「迷惑がかかる」というのは、どこかおかしくないですか？

では、何がおかしいのか？

育休の取得の例にせよサービス残業の例にせよ、「同僚たちに迷惑がかかる」という論理には隠されたある前提があります。それは何でしょうか。

隠れた前提は、「そこに（その課に）いる労働者だけで、発生している仕事を処理しなければならない」ということです！　そしてその前提がおかしいのです。なぜなら、「誰が（何人の労働者が）どのような（どれだけの）仕事をするか」を決めるのは、労働者ではなく使用者だからです！　つまり、仮に育休を取得して迷惑をかけることがあるとすればそれは使用者に対してであり、同僚労働者への迷惑は考える必要がないということです。つまり正しい問いは、「使用者に迷惑をかけるかもしれないという理由で、育休取得を思いとどまったり妊娠のタイミングを調整したりする必要があるのか」ということです。

ここまで来ると答えは簡単ですね。使用者の負担を考慮に入れた上で、育休は子どもが1歳になるまでの間なら必ず取得できることとした。それが利害調整を行ったうえでの立法者（国会）の意思だということです。個々の労働者が会社の事情をくみながら妊娠・出産のタイミングをはかる社会は望ましくない。子どもが生まれれば、それが会社にとってどれほど都合の悪いタイミングであろうが労働者は必ず育休が取れる、そういう社会が望ましい。仕事上支障があるなら会社が業務内容を見直すなり配属する労働者を増やすなりの対応を行えばよいだけ。そのように国民の代表たる国会において判断が終了しているからこそ、このような育休の規定になっているということです。この理屈を皆さんに是非理解していただいたうえで、タイミングの調整等を行うことなく、男性も女性も堂々と権利を行使して育休を取得いただきたいと思っています。

男性の育児休業取得の推進

さて男性の育児休業取得がまだまだ十分とは言えない現状を踏まえ、政府としても男性の育児休業取得をあの手この手で奨励しているところです。具体的には、育児・介護休業法の改正が行われ（2021年6月9日に改正法公布）、この中で「育休等に関する、本人又は配偶者の妊娠・出産の申し出に対する事業主の個別の周知・意向確認措置の義務付け」が行われました（2022年4月1日施行）。女性労働者の場合は「自分が妊娠しました」、男性労働者の場合は「妻が妊娠しました」、いつ出産予定ですと事業主に言ってきた場合、事業主側が「育児休業という制度があってね。取得できるんだけど、どうする？　取るかい？」と個別に確認しなければならないということです。ただ事業主側の説明内容等は正確でなければならないので、実際は厚労省が「これさえ渡せばよい」という紙を作成しています。労働者としては、その意向確認欄で「育休を取得する」に○を付ける等して提出すればよいのです。

しかし皆さん考えてみればわかると思いますが、男性の育休取得率が低いのは、自分の稼ぎが減ったら困るという事情もあるでしょうが、何より「職場であまり例がないから」「自分が休んだら職場が回らないだろうから空気を読んで」という理由がありそうです。紙一枚渡すだけというこんな改正で、現状が変化するでしょうか？　どうお考えでしょうか。

私としては「こんな紙一枚だが、おそらく影響はかなり大きい。つまり男性がもっと育休を取るようになるだろう」と予想しています。なぜなら、事業主が自分で労働者の意向確認をしておきながら労働者の育休取得を思いとどまらせるためには、「義務だからこの紙を渡すけど、実際は……わかってるよな？（うちの職場で男性が育休なんか取っていいはずがないということを)」という一言を口に出して伝える必要があるからです。労働者側が勝手に空気を読んで育休取得を思いとどまるならともかく、この一言を「実際に口に出して」「明示的に圧力をかける」のをためらう事業主は多いでしょう。事業主自身が「育休が取れるけどどうする?」と(単に厚労省の作成した紙をそのまま渡しているだけにせよ)聞いているのだから、「だったら取ってみようかな」とシンプルに思う労働者は多そうだと思います。

さあ実際はどうなるか、私の予想が正しいか否か、これからの統計データを楽しみに待ちたいところです。

産後パパ育休等と、これら改正の大きな目的

このほか2021年の育児・介護休業法の改正では「子の出生後8週間までに4週間まで取得することが可能(2回に分割も可能)」という「産後パパ育休」(いわゆる男の産休)制度の創設が行われています。それまでもこの期間に育休の取得は可能でしたが「連続した期間の育休を一度取るか、それとも取らないか」という選択肢しかなかったものを、短期に分割して取ることを可能とするなどより柔軟な制度にしたということです。特に出産直後は母体へのダメージが大きく、そうでなくても大変な新生児の育児や家事を女性(=出産直後の母親)が十分に行える状況ではないために、育児や家事というより生活全般を支えるための人手が必要であることも多いので、夫側がより協力しやすくなりました。

他の改正内容としては、事業主に対する育児休業の取得状況の公表の義務付けといったものもあります。

「配偶者の指示に従っているうちは真の育休ではない」

このように政府としても後押ししているわけですから、男性の皆さんには子どもが生まれたら是非、積極的に育児休業を取っていただきたいと思っています。

私も父親として2020年に3か月弱の育休を取りました（私はもっと取得してもよかったのですが、この期間は妻と話し合って決めたものです）。育休を自分で取って初めて見えてくることは非常に多くありました。学びも大きかったですし、何より個人的には娘と四六時中一緒に過ごせて非常に楽しかった！（もちろん大変なことも非常に多かったですが。）「3日だけ形式的に育休を取る」というやり方ではこれまで育児を担ってきた配偶者の指示に従うだけで終わってしまうでしょう。「育児のすべてを自分の判断で回す」となるには私は2週間くらいかかりました。つまり3週目になってようやく、その日はどこに行って何をするか自分で決め、その準備をすることを含めて「ただの一度も妻におうかがいを立てることなく」育児の1日（といっても妻が仕事から帰ってくるまでで、その後は2人で協力してやっていましたが。これは妻の育休取得時も同じです）を完全に自分で回すことができるようになりましたが、それまでは1日に何度か妻にアドバイスを求める場面があったということです。父親の皆さんにも是非積極的にある程度の期間の育児休業を取得いただき、すべてを自分の判断で回していただきたいと思います。奥さんの指示やアドバイスを受けている間は「単なるお手伝い」に過ぎず育休を取ったうちに入らない、育休について語る資格がないというのが私の考えです。

もっともこれは私の場合のように「女性（妻）側が先に、男性（夫）側が後に育休を取った」時の夫を念頭に置いていますが、今後は「男性が先に取る」「男女同時に取る」というカップルも増えていきそうです

（ご参考まで、本章末尾のコラムも是非お読みください）。

その他の休業（休暇）制度

ここでは育児介護休業法による介護休業と看護休暇について見ることとします。

介護休業は、家族等の介護のため、介護する相手1人につき93日まで認められた休業です。育児介護休業法（12条1項と15条1項）に規定されています。この介護休業の期間にも育児休業の時と同様、雇用保険制度から休業前賃金の67％の介護休業給付が行われます。

次に「子の看護休暇」です。小学校入学前の子どもが病気になり看病したり医者に連れて行ったりする必要がある場合など、子ども1人につき年間5日まで（ただし2人以上であれば年間10日まで。つまり子どもが4人でも年間10日が限度）、看護休暇の取得が認められます（育児介護休業法16条の2の1項と2項に規定があります）。1時間単位での取得が可能です。こちらについては「有給とする」あるいは「雇用保険制度から手当の給付を行う」といった規定はないので無給としても合法ですが、育児休業や介護休業と同様に、看護休暇を取得したことによる不利益取扱いが禁止されています。

ネット情報をうのみにしないで！
——その１・男性の育児休業

ＳＦＣでの私の研究会（ゼミ）は「労働政策」についてのものでしたが、関連する事項として「家庭内の家事の分担」といったテーマでもよく議論を行いました。なぜならこれは今後の女性の働き方を考えるうえでまったく避けて通れないテーマであり、余談や雑談でないどころかむしろ問題の中核だからです。「各家庭で好きに決めたら？」という次元の話ではないのです。

研究会の議論の中で、一人暮らしの男子学生が「一人暮らしで発生する（つまり当然に自分が行っている）家事」について説明してくれた直後に、女子学生が「男性はどうせ家事なんかしないから」といった発言をしたことがありました。聞いてみるとその女子学生自身は実家暮らしで家事をほとんどしていないそうで、つまり「その男子学生は自分の経験に基づき発言しているのに、その女子学生はネットに書かれていることを話しているに過ぎなかった」ということになります。これではまともな議論が成立していません。

また、２０２２年度の私の「労働法」の授業では女子学生から「男性が育休を取ってもその間にきちんと育児をしないようであれば迷惑なので、むしろ育休を取らず仕事に集中してもらいたい」といった意見を複数いただきました。確かにネット上は「育休を取った男性（夫）が育児をまったくせずにゲームをしていた」「夫にとって育休は完全に単なる休暇で、私（妻）は子どもの世話に加えて夫の世話も押しつけられた分むしろ負担が増えた」という記事であふれています。妻にとってはこういう夫が育休を取らない方がよいのはそのとおりですし、それ以前にそもそもそんなのは育休とは呼べませんよね。

ただ若い皆さんにお伝えしたいのは「ネットで語られていることと現実は、特に未来は異なる」ということです。私自身は本文で述べたとおり育休の間はきちんと育児をしましたし、また「育休を取って単に休みをエンジョイした男性」も現実に私の周りには１人もいません。ですので、（そのような記事どおりの男性が存在しないわけではないのでしょうが）すべての男性がそうなのではなく、人によるわけです。

加えて、同じ２０２２年度の授業で男子学生の７割くらいが「将来、子どもができれば育休を取りたい」という感想を寄せてくれました。子どもが生まれていないのはもとより、結婚どころかまだ就職すらしていないのに彼らが「子どもが生まれたら育休を取ってその間ゲームし放題だぜ、ヒャッホー！」と考えた結果、その７割が将来育休を取りたいと答えたのだ、と信じることが私にはできません。何より、彼らの多くが「自分の子どもなんだから、自分で育児するのが当然でしょ」という旨を明示的に書いていました。

こういうわけですから、若い（特に女性の）皆さんはネットの情報を読んで未来に絶望するのではなく、周りにいる生身の（そして同じ世代の）方々と実際に話してみていただきたいと思います。先ほど挙げた男性の家事の話もですが、育児や育休についても、ネットの情報と全然違うことも多いと思いますよ。「結婚したら妻が勝手に仕事を辞めた」といったネット記事ばかり読んで戦々恐々としている男性も同じです。

さて「男子学生の約7割が将来の育休取得に前向きだった」件です。法学部でないのに「労働法」などという授業をわざわざ選択して履修している学生ということなのでもちろん日本の若い男性の平均的なサンプルとは異なっている（育休等の権利行使に対してより積極的な学生の割合が高い）可能性はありますが、私自身はこのことを大変好ましい傾向であると考えています。私が就職（入省）したのは2000年で、私自身は当時から「将来、当然育休を取る」と（**そもそも彼女がいたこともなく、結婚のあてなどカケラもなかったのに**）公言していましたが、周囲の反応は「（男性なのに）マジで？」「変わってるなあ」といったものでした。20年ちょいで時代が完全に変化したことを感じます。

私としては、時代の変化は単に「育休を取る男性の割合が増える」ということにとどまらないと予想しています。つまり、「男性は働いてナンボだから育休なんか取らない」「男性なのに育休を取りたい？　出世しなくていいということだな」あるいは「男性なので育休を取りにくい」などではなく、そう遠くない将来に「え、子どもができたのに育休を取らなかったんですか？　変わってますね」、それどころか「あの人3日しか育休を取らなかったんだって。形だけなのに育休を取ったとドヤ顔されて、奥さんが気の毒だよね。将来子どもに捨てられないといいけどね」などと男性も当然のように言われるようになるでしょう。

これは荒唐無稽な予想ではありません。たとえば専業主婦についても、2000年代前半は勝ち組と見られ、多くの女性たちの憧れの存在でしたが、遅くとも2010年代後半には「どうして働かないの？」「昼間は家で何してるの？」と言われて肩身が狭いという方向の相談がネットのみならず新聞の人生相談などでも増えてきています。時代というものはすぐに変化するのです。

第9章

断固、許すまじハラスメント！

「山本君、配属先はまだ決まってないよね。どういう部署が希望？」

「まあとりあえず、自分が何に向いてるかとかがわからないんで、命じられたことを一生懸命やろうと思います。業務内容より不安なのは、その部署にどんな人がいるかですよね。つまりは上司ガチャです。上司がパワハラをするタイプだったらどうしよう、と思ってます。」

「なるほど、確かにね。それに山本くんは男性だからってセクハラもひとごとではないよ。逆に自分がセクハラ加害者にならないように気をつけてね。時代の転換点にあるから。」

「確かに、被害者になる不安だけじゃなくて、加害者になってしまう恐れもありますね。でもハラスメントって『する側の意図とは関係なく、受け手がどう思ったかだけが重要』と言いますよね。ということは、何をしたらハラスメントになるかがわからないということでは？」

「まあ、受け手がハラスメントだと言いさえすればハラスメントが成立する、ということもないけどね。」

「鈴木さんはどう気をつけていますか？」

「相手にきちんと敬意を持って接すること。怒りが沸いてきても6秒、我慢する。」

「勉強になります。」

「覚えておいて。仕事中だけじゃなく、怒ってる状態で何かしても、ろくなことにならないよ。」

「『後悔先に立たず』ですね。」

「だからそれもやっちゃった後の話だって！」

ハラスメントの分類

ハラスメントとは「嫌がらせ・いじめ」のことです。皆さんもご存知のとおりハラスメントにもいろいろあり、まずセクシャルハラスメント（セクハラ）が流行語大賞に選ばれたのが１９８９年。ほか、パワーハラスメント（パワハラ）、出産を控えたあるいは出産を行った女性に対するマタニティハラスメント（マタハラ）、逆に父親になる（なった）男性に対するパタニティハラスメント（パタハラ）など。大学ではアカデミックハラスメント（アカハラ）もあります。

ここでハラスメントを大きく2つに分類しましょう。第一は「相手方に対する優越的地位にあることに乗じて、相手方を搾取するか、あるいは相手方への不当な攻撃を行う行為」。そして第二は「相手方の正当な権利を侵害する言動によって、相手方に不快な思いをさせる行為」です。当然ながら、その書きぶりに似ている点もありますし「このハラスメントは第一の類型で、第二には該当しない」「こちらは第二のみ。第一ではない」などとこの第一と第二の類型が常にはっきり分けられるわけではありません。ですが大ざっぱに説明すると次のようになります。

第一の類型の「優越的地位」とは、会社の上司、会社の重要な取引先、学生の指導教員などの立場にあって、望めば相手方に大きな不利益を与えることができる地位にあることです。「君のことを低く評価するよ。そうしたら給料が減っちゃうね」（会社の上司）、「君の会社と取引を打ち切るよ。そうしたら君の会社は大損害だ」（会社の重要な取引先）、「単位をあげないよ。卒業論文や修士論文を合格させないよ」（大学における指導教員）という脅しをかけることができ、かつ実際にそういう行動が可能である。これを避けるために相手方はその人のご機嫌を取ったり言うなりになったりするしかない。これが優越的地位です。この優越的地位に乗じて「今度飲みに行こう。手をつなごう」。（もっとひどい場合は）「ホテルに行こう。断ったら低く評価するよ（取引を打ち切るよ。卒業させないよ）」というのがセクハラであり、また単に相手を怒鳴りつけたりしていじめ、「なに、抵抗するのか！　だったらクビにしてやる（取引を打ち切ってやる。不可をつけてやる）」というのがパワハラです。これらが大学で起きれば同時にアカハラでもありますが、そもそもこの類型のセクハラの多くは同時にパワハラでもあるので、これもはっきりと切り分けられるわけではありません。

第二の類型は、たとえば「職場にヌードのポスターを貼って（女性はもちろん男性も含め）従業員に不快な思いをさせる」「職場で大声で卑わいな話がされているので、嫌でも聞こえてしまう」「本人は楽しいつもりで性的な冗談を誰かれ構わず言う（性的な質問を大っぴらに行う）が、相手は不快」といったものです。見たくない時や聞きたくない時（とりわけ仕事をしている時など）に無理やりヌードの写真を見せられたり卑わいな話を聞かされたりしないというのは労働者の当然の権利でしょう。これはセクハラですが、先に挙げた第一の類型のセクハラは「対価型セクハラ」、こちらの第二の類型は「環境型セクハラ」と呼ばれています。

また「この忙しい時に妊娠なんかして！　産休なんか取れると思うなよ！」（マタハラ）とか、「わが社で男が育休なんてあり得ないだろ！　空気読めよ。子育ては奥さんに任せておけばいいんだよ」（パタハラ）というのも、妊娠をする・産休を取る・育休を取る・子育てに関わるというのはいずれも正当な権利であるにもかかわらず、それに対する嫌がらせをして相手方を不快にしているわけです。なお、本当に産休や育休を取らせなければこれは第一の類型にも該当するでしょう。これが先ほど述べた「第一と第二の類型もはっきり分けられるものではない」という意味です。なお、日本で産休や育休を取らせないというのは純粋に法律違反で、その法律違反を強行する職場は多くない（つまり第一の類型にあたるマタハラやパタハラは多くない）と信じたいところではあります。残念ながら実態は、やや古いですが日本労働組合総連合会（連合）が2014年に公表した「パタニティ・ハラスメント（パタハラ）に関する調査」において、対象男性の5・5％が「子育てのための制度利用を認めてもらえなかった」と回答しています。

時代は動いている

先述のとおりセクハラが1989年の流行語大賞だったということは、それより前の日本ではセクハラという言葉すら存在せず、これを問題視するような風潮もなかったということを意味します。前章で見たように男女雇用機会均等法の制定が1985年であり、働く女性が増えてきていたとはいえまだまだ男性社会でした。多くの女性は職場で「お飾り」のように扱われて軽く見られていたそうです。そして当時は職場で性的な冗談を投げかけられても、それどころか体を触られても、笑って受け流すなどしてじっと耐えていた女性が多かったことでしょう。

時代は変わりました。今はこういう時代です。

「［引用者註：財務省の事務方トップである財務事務次官がセクハラにより辞任した2018年］4月18日以降は、「セクハラをするが仕事ができる人」は組織にリスクをもたらす「仕事ができない人」「リスクマネジメントができない人」になったのです。」（白河桃子『ハラスメントの境界線』）

これを読んだときは「なるほど、そういうことか！」と非常に感銘を受けました。私はそれまで石川五右衛門の辞世の句「石川や浜の真砂は尽きるとも　世に悪人の種は尽きまじ」ではないですが、いつの時代にもセクハラをする人間は一定数存在するだろうからセクハラする人を非難してもそれは空き巣に「盗みはダメですよ」というようなもので意味が薄く、セクハラが起きる前提で対策を考えなければならないと考えていたのですが、目からうろこが落ちました。

白河氏が書いているとおり、かつては（というよりつい最近までは）「あの人はセクハラをするけど優秀だよね。仕事はできるよ」という評価の人はいました。そういう人のセクハラは会社としても黙認するし、セクハラをされる側も会社が対処しないことが明らかなのだから我慢するほかない。セクハラをすることと、仕事の内容や評価は別のことだと考えられていたのです（参考までに、２０１７年までのアメリカUber本社がそういう会社の典型例だったようです。２０１７年2月17日のブログ〝Reflecting On One Very, Very Strange Year At Uber〞を参照。これによりUberは社会の大きな批判にさらされ、後にＣＥＯが辞任しました）。それが今やそうではない。「セクハラをするが仕事ができる」というのはもはや語義矛盾、つまり「セクハラをする」のであれば即「仕事ができない」という世の中になったということです。たとえば「あの人はよく会社のお金を横領するけど、仕事はできるよね」「あの人はよく我が社の重要取引先の相手を殴って商談をすべてぶち壊すけど、仕事はできるよね。頭がよくて優秀だし」ということはおよそあり得ない。会社のお金を横領する時点で、また重要な取引先を殴る時点で、他がどうあれ会社に害をもたらす「優秀でない」「仕事ができない」人であり、直ちに懲戒が行われるわけですが、セクハラはこれと同列になったのです。

セクハラという言葉が人々に認知されてからかなりの時間が経ちました。政府（厚労省）としてもセクハラの防止や事後対応について使用者が従うべき指針を２００６年に定め、何度か改正を重ねてきています。２０１８年には引用部分にあったとおり財務省の事務方のトップである事務次官が女性記者に対するセクハラを理由に辞任しましたし、２０２１年には少なくとも2社において採用担当者が就活学生にセクハラを行ったという大きな報道がなされ、その担当者はいずれも懲戒解雇になっています。時代は変わってきているのです。それもよい方向に。

厚生労働省の指針

２００６年の「セクハラに関する厚生労働省の指針」と同様、パワハラについても「事業主が職場における優越的な関係を背景とした言動に起因する問題に関して雇用管理上講ずべき措置等についての指針」（パワハラ指針）が定められています。

これらの指針により、（セクハラ・パワハラの両方について）次のようなことが事業主の義務として定められています。

○事業主の方針の策定・明確化及びその周知啓発
○相談・苦情への対応体制の整備（窓口の設置等。この窓口はあらゆるハラスメントについて一元的なものとすることが望ましいとされている。）
○事案が発生した場合、事後の迅速かつ適切な対応
○その他、プライバシーの保護のためのマニュアル策定、被害者の不利益取扱いの禁止等

さて、この「セクハラに関する厚生労働省の指針」が、先に述べた財務事務次官による女性記者に対するセクハラ事件を受けて改正されました。関係部分を以下に抜粋しておきますが、改正により新たに追加された部分に筆者が傍線を付しています。（青字と黒字の区別は後ほど。）

○セクハラに関する厚生労働省の指針（抄）

「性的な言動」とは、性的な内容の発言及び性的な行動を指し、この「性的な内容の発言」には、性的な事実関係を尋ねること、性的な内容の情報を意図的に流布すること等が、「性的な行動」には、性的な関係を強要すること、必要なく身体に触ること、わいせつな図画を配布すること等が、それぞれ含まれる。当該言動を行う者には、労働者を雇用する事業主（その者が法人である場合にあってはその役員。……［中略］）、上司、同僚に限らず、取引先等の他の事業主又はその雇用する労働者、顧客、患者又はその家族、学校における生徒等もなり得る。

……再発防止に向けた措置を講ずること。なお、セクシュアルハラスメントに係る性的な言動の行為者が、他の事業主が雇用する労働者又は他の事業主（その者が法人である場合にあっては、その役員）である場合には、必要に応じて、他の事業主に再発防止に向けた措置への協力を求めることも含まれる。

つまり、記者や営業担当などのように社外の人間と接触する必要のある労働者が、多くの場合は優越的地位等を背景として他の会社の事業主や従業員ほか社外の人間からセクハラを受けた場合にも、再発防止策を講ずるといった形で対処しなければならないという使用者（会社側）の義務が新たに追加されたということです。この改正は2020年6月に施行されています（なお、パワハラ指針にも類似の記述があります）。この「社外の人間」にはほぼ誰でも含まれ得ることになります。

使用者・会社としては、自社をセクハラが起きない会社組織にすることはもちろん非常に重要ですがそれだけでは不十分であり、自社の労働者が取材先や営業先からセクハラをされ、「あそこの担当者がセクハラするんで、対処してください」と訴えてきた場合、対処する義務があるということです。その「対処」の中には、取引先に「そちらの担当がセクハラをするので代えてくれ」と求めることも含まれるのです。

環境型セクハラ

後で対価型セクハラについてより詳細に見ますが、先に環境型セクハラについて短く触れておきます。これは、先のように職場での会話や質問、また（貼っているポスター等の）職場環境に相手を不快にさせる性的なものがあるというものです。対象は女性に限りません。男性社会では少数者たる女性が不快になることが多いかもしれませんが、「男のくせに意気地なしだな。それくらい黙って耐えろ！」といった発言や「彼女いる？　どんな彼女？」などのしつこい質問も、女性に対してであればセクハラになるのと同様に男性に対してもセクハラになります。私としては、最近は女性に対するセクハラは多くの方が意識的になっているでしょうがなぜか「男性（とりわけ中高年男性）に対しては何を言っても問題ない」という雰囲気があり、むしろ男性の権利がないがしろにされていると個人的には思っています。公の場で中高年男性に対する侮蔑的表現が使われているどころかそれが活字になって公開されている現状には胸を痛めています。ちょっとわき道にそれましたね。

こういったセクハラをなくすには、まず常識を身につけること（職場にヌードのポスターを貼らないなどというのは常識の範疇でしょう）、そして相手を軽く見ることをやめることです。よく言われるのは「相手が社長の娘（息子）であっても、同じことができるか（言えるか）」です。相手が社長のお子さんだったらこんなことはとても言えないという発言は、誰に対してもすべきではないということです。これはセクハラに限らず、パワハラほかでも同じです。自分の行為がハラスメントか否かを顧みたいときは「相手が社長の娘・息子でも同じことができるか」と考えていただくとよいと思います。

私の授業では複数の学生から「ハラスメントは相手の受け取り方次第で基準がない（少なくともわからない）ので怖い」という意見がありましたが、個人的には今述べたものが「問題視すべきハラスメントなのか否かを判定する基準」としてかなり有用だと思っています。たとえば「あ、髪切った？　雰囲気変わったね」というのは、これをセクハラと訴える人もいるでしょうが、たいていの場合は相手が社長の娘・息子であっても言えるでしょうし、そうであるからこそこれでセクハラとして社内で重く処分されたり裁判で大きな損害賠償を課せられたりはしないということです。

環境型セクハラも速やかにこの世からなくなってほしいと思いますが、ただこの被害は「不快になる」ということであり、「（評価を下げるなど）君に不利益を被らせるよ」という脅しに屈して性的に奉仕せざるを得ないという第一の類型すなわち対価型セクハラの方がより深刻であることは否定できません。そこで以下、この対価型セクハラについて多くの分量を割いて見ていきたいと思います。

営業活動における対価型セクハラへの対処

ここでは営業活動を例に、対価型セクハラにいかに対処するかを見ていきたいと思います。具体的にはあなたがたとえばあるサービス（ここでは「顧客分析システム」としましょう）を他社に売り込む法人営業の女性だとして、売り込む先である（つまり顧客となる可能性のある）企業の担当者に「一度ホテルに行ってくれたら、会社として買うことにするよ」と言われる場面を考えましょう。

これは学生の皆さんであればかなり誤解があるようなのですが、営業とは「これを買ってください（このサービスを導入してください）。お願いします、買っていただかないと困ります。私の営業成績に響くんです。そのためには何でもしますから」というものだと思っていませんか？　違います。全然違う。

正しくは営業とは、こう言って相手を説得するものです。「我が社のサービスはこんなに優れています。御社のこのような問題を解決できますし、これを導入すれば御社にこうした利益があります（こんなにコストが削減できます）。ところがこのサービスの導入費用はそれに比べてはるかに安いです。つまり御社はものすごく得をするのだから、御社はこれを導入すべきです」。これが営業です。「買ってください、お願いします」とは全然違い、「御社にこれを売ってあげるといういい話を持ってきました。欲しいでしょう？」ということなのです。

また相手方企業の担当者、つまりそのサービスを導入するかどうか決める権限がある者ですが、その担当者は何でも自由に決定できるわけではありません。ある程度の規模の会社になれば何でもかんでも社長が決めることにしていては回らないから権限が下ろされているだけであり、決定権者は「会社の最善の利益になるように決定権を行使する」のが当然のことです。その決定権者個人の利益になるように（つまり個人的に性的に奉仕してくれた営業の会社から購入するというように）決定できる権限などあるわけがないのです。そのような決定は、会社の利益を損なう、ひいては株主に対する背任にあたるということになります。「ホテルに行ってくれたら買うよ」というのは倫理的に問題だという以前に、資本主義の論理からも通らないというわけです。

これを踏まえ、営業先の担当者から性的対価を要求された場合には、「ありがたいことにそういうのが通る時代でも通る社会でもないんですよ。そして、買ってくれないと困りますと言っているわけじゃないんですよ」と相手方に冷ややかに言うだけで、相手はあなたを見くびるのをやめてセクハラはストップする可能性が高いと思います。

こうして解決すれば問題は簡単ですが、残念ながらあなたの会社の製品やサービスに大した強みがなく、相手が性的対価を要求し続ける場合には、いくつかの選択肢があります。いずれにせよ証拠がなければ自社も相手方の会社も対応が難しい場合があるので、相手の発言を録音するなりしておいていただければよいでしょう。なお「相手の許可なく発言を録音する」という行為には法的にも様々な問題があるようですが、少なくともハラスメントの被害を受けていることの証明のためにやむを得ない範囲であれば認められます。

まず先ほど厚労省のセクハラ指針の部分で説明したように、労働者が他社の従業員ほかからセクハラを受けている場合、自社には対応する義務があります。よって自社に対応を求めるというのが第一の手段となります。使用者としては単にあなたがその相手方の会社に営業を行わなくてよいようにすることもできますし、また相手方の会社に担当を変更するよう伝えることもできます。特に相手方の会社がまともである場合は、さきに述べたとおり「担当が会社の利益に反することを行っている」ことが明らかなので、速やかに対応が行われるでしょう。

自社が対応を行わず、あなたに引き続き「その担当者に営業を行え」と（あるいはもっと悪いことに「性的対価を払って契約を取ってこい」と）指示するような場合は、自社がまともではないということです。この場合は、

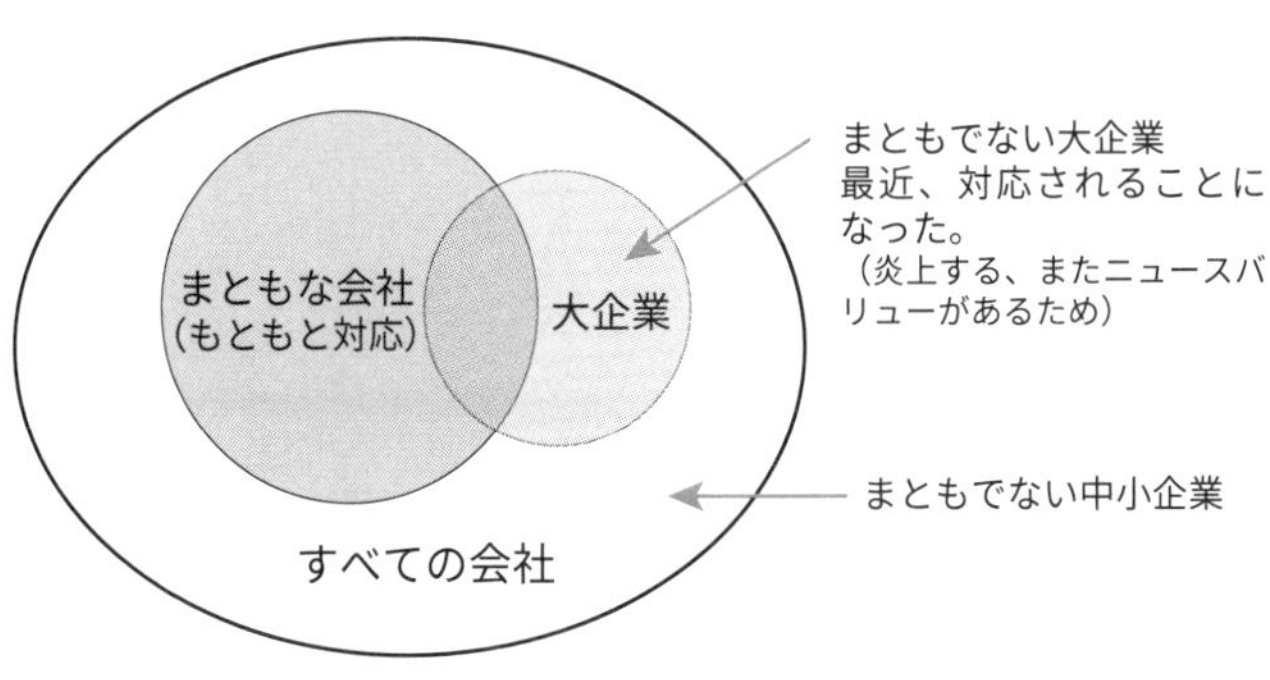

速やかに都道府県労働局に行くとともに、まともでない会社なのでいろいろ嫌がらせをされたりする可能性も高い（つまり労働局の指導等を受けてすぐに「セクハラのない、あなたも居心地のいい働きやすい会社に生まれ変わりました！」とはならない）でしょうから、早めに退職することを考えてよいと思います。なお、アメリカの話ですが先ほど例に挙げた２０１７年のUberの件でも、そのブログを書かれた方は最終的にUberを退職されています。

なお、自社か相手方が大企業である場合は、さきに録音した音源とともにこのネタを週刊誌等に売り込むと、週刊誌は喜んで記事にするでしょう。これが、「セクハラはもはや許されない」という社会になった、時代が変わったということです。

今の時代「あの会社の担当者はセクハラをする」「あろうことか性的対価を求めてきた」そして「セクハラの訴えを握りつぶそうとした」ということが知れ渡れば会社自体の評判に非常に大きな傷がつくことになります。だからこそ先に述べたように就活セクハラにも速やかに対処され、担当者が直ちに懲戒解雇になったわけです。懲戒解雇でなければ批判に耐えられなかったし、（すでに就活セクハラの報道があった時点で学生から敬遠されていますが）優秀な学生の獲得は非常に困難になったでしょう。

「良い方向に時代が変わった」とはこういうことです。

ここまで書いたことをまとめると、まともな会社はもともとセクハラの訴えに対応します（それが「まとも」ということです）。次に、今の世の中、名の知れた大企業がセクハラの事案を握りつぶせば先ほど述べたとおり週刊誌ほかが喜んで記事にすることが明らかなので、仮にまともでない大企業だったとしてもそれを避けるために嫌でも対応せざるを得ません。というわけで論理的には、これからの世の中、セクハラの訴えに対応しないのは「まともでない中小企業」だけということになります。前の頁の図のとおりです。

カスタマーハラスメントについて

ハラスメントの最後に、カスタマーハラスメント（カスハラ）についても述べておきます。カスタマーつまり「客（顧客）」からのハラスメントです。典型的なのは、飲食店などで客が店員を呼び出してひどい言葉で文句を言う（というより単に言いがかりをつけている）というものです。皆さんもそんな場面に遭遇したことがあるのではないでしょうか。コールセンターなども本当にひどい電話がかかってくると聞きます。

カスハラへの対応ですが、まず指摘したいのは、先にみたセクハラ指針において顧客からのセクハラについては事業主に対応義務があるとされていることです（先ほど引いたセクハラ指針の黒色の傍線部分を見てください）。

また、パワハラ指針においては次のとおり記述があります。

○パワハラに関する厚生労働省の指針（抄）

7　事業主が他の事業主の雇用する労働者等からのパワーハラスメントや顧客等からの著しい迷惑行為に関し行うことが望ましい取組の内容

事業主は、取引先等の他の事業主が雇用する労働者又は他の事業主（その者が法人である場合にあっては、その役員）からのパワーハラスメントや顧客等からの著しい迷惑行為（暴行、脅迫、ひどい暴言、著しく不当な要求等）により、その雇用する労働者が就業環境を害されることのないよう、雇用管理上の配慮として、例えば、（1）及び（2）の取組を行うことが望ましい。また、（3）のような取組を行うことも、その雇用する労働者が被害を受けることを防止する上で有効と考えられる。

（以下、（1）相談に応じ、適切に対応するために必要な体制の整備、（2）被害者への配慮のための取組、（3）他の事業主が雇用する労働者等からのパワーハラスメントや顧客等からの著しい迷惑行為による被害を防止するための取組とされている。［内容略］）

このように「顧客等からの著しい迷惑行為」への対応については、「顧客が必ずしも優越的地位にあるとはいえない」ために事業主の義務とまではされていませんが、「対応を行うことが望ましい」とされています。

カスタマーハラスメントについては、次の頁のコラムも是非お読みください。

カスタマーハラスメントについて

私の授業で複数の学生から「バイト先で現に客からハラスメントを受けたことがあるが、店長に相談しても大事なお客さんだから我慢しろと言われた」といったコメントをいただきました。それらコメントに対して、私は202１年度の授業で「3年以内に状況はまったく変わると予想している」と答えていました。202１年時点で「ハラスメントをする客なんかより、従業員の方が大事だよね」「というよりそんな客はそもそも店の売り上げにほとんど貢献していないのでは。つまり客ですらないのでは」という機運が高まってきていたからです。別の学生からは「客が従業員にハラスメントを行っていて、それが黙認されているような店には行きたくない」というコメントをもらい、そのとおりだと思いました。これは、仮にハラスメントを行うような客を許していると、他にもっと多くのまともな客を失っているのではないかということを意味します。

一般論として「お金を払ってくれるお客様を大切にしなければならない」というのはそのとおりです。ですがそろそろ企業側としても「現場の従業員を犠牲にしてそれらモンスタークレーマーなどにぺこぺこする」ことが本当に売り上げや利益につながるのか、真面目に検討しなければならない時期に来ていると思います。私自身は労働法の担当者として「長期的に見れば、従業員を守らないと人材が集まらないし、従業員を守らない企業は取引先からも相手にされなくなりますよ」と言いたいですし、また「仮に売り上げ等の観点から損をするとしても従業員を守ってほしい」と思っていますが、今問題提起しているのは「モンスタークレーマーに毅然と対応しても何ら損をしないのではないか。むしろ利益や売り上げの観点からも長期的にはもちろん短期的にも得をするのではないか」ということです。

実際の新しい動きとしては、ゲーム会社の雄（というか日本を代表する企業の１つ）である任天堂が２０２２年10月にカスタマーハラスメント対策を公表して話題となりました。また２０２３年４月には秋田の第一観光バスという会社が「社員を守ることも大切」「お客様と社員は対等の立場であるべきで、お客様は神様ではありません」という意見広告を出し、共感と賞賛が広がっています。

私の予想は「２０２４年までに、零細含め大半の飲食店で、どんな常連客であっても従業員に因縁をつけるような悪質な客は一発アウト、出入り禁止となる」というもので、それを２０２１年度の授業で述べていたわけです。

さあ、私は正しいでしょうか？　今後に期待したいところです。

第10章　労災って何だ？

「山本君、クイズです。仮に仕事中に上司にこん棒で殴られたら、それは基本的に労災になりますが…。」

「上司はこん棒なんか持ってないでしょう、鈴木さんじゃないんだから。」

「それもそうか。まあこん棒は重要じゃないんだけど、仕事の怪我で、上司から『健康保険で受診してきてね』と言われたら？」

「それは知ってます。労災は健康保険とは違うんですよね。手続きは詳しくないですけど、自分でお金を払う必要がなかったような気がします。」

「そのとおり！ よく知ってるじゃん。じゃあ仮に仕事中の怪我について上司が『こんなものは労災と認めない。労災じゃないので、健康保険で受診してきて』と言ったら？」

「うむむ…。釈然とはしませんが、上司ひいては会社が『労災ではない』という以上、労災にはならないかなあ。だから言われたとおり仕方なく健康保険で受診すると思います。」

「ふーむ。いいカモだね、山本君。」

「『立つ鳥後を濁さず』ということですね、カモだけに。」

「全然違うわ！」

使用者は労働者に対する安全配慮義務がある

使用者は、労働者を指揮命令し、事業を行って利益を上げます。2章で労働者とは何かを確認しましたが、「使用者に使用され」「賃金の支払いを受ける者」ということでした。

では使用者は、労働契約に従って労働者に対して賃金を支払っていればそれですべての義務が果たされたと考えてよいのでしょうか。たとえば労働契約に何も書かれていなければ、危険な場所で仕事をした結果として労働者が怪我をしても使用者はそのこととは無関係であり、使用者に責任はないのでしょうか。

もちろんそんなことはありません。本書の1章や2章で説明したとおり、使用者が労働者を使用する場面は「ある人がキャベツを購入した。そのキャベツを食べようが捨てようが、踏んづけようがはたまた燃やそうが購入者の自由だ」というのとは違って、相手は人間です。そして「購入したキャベツと違って、労働者は使用者のものではない」というのが非常に重要です。

この点、従業員が過労自殺をしたことに関するパナソニックの謝罪文に非常に正しいことが書かれていましたので、引用させていただきます。

「ご遺族にとってかけがえのない尊い命を守ることができなかったこと、そして、弊社が社会からお預かりした貴重な人材を失ってしまったことは、決して償いきれるものではありません。」（パナソニック株式会社「弊社で発生した労務問題に関する再発防止の取り組みについて」2021年12月7日）（傍線は引用者）

「労働者は使用者が社会から預かったもの」、本当にそのとおりです。またこれが前の章で述べたカスハラ対策ともつながってきます。社会から預かった労働者を迷惑な客から守る必要があるということです。

人間である労働者に使用者が指示を行って基本的に自分の思い通りに動かせる時には、「危険なことをさせてはならない」「怪我をさせてはならない」のは理の当然です。つまりそれは、仮に労働契約に何も書かれていないとしても「労働者を使用する」という労働契約の中に当然に含まれる使用者の義務だと考えられます。これを使用者の安全配慮義務と呼びます。

この旨の最高裁判決を見ておきましょう。

「……雇傭契約は、労働者の労務提供と使用者の報酬支払をその基本内容とする双務有償契約であるが、通常の場合、労働者は、使用者の指定した場所に配置され、使用者の供給する設備、器具等を用いて労務の提供を行うものであるから、使用者は、右の報酬支払義務にとどまらず、労働者が労務提供のため設置する場所、設備もしくは器具等を使用し又は使用者の指示のもとに労務を提供する過程において、労働者の生命及び身体等を危険から保護するよう配慮すべき義務（以下「安全配慮義務」という。）を負っているものと解するのが相当である。」（最高裁第三小法廷判決昭和59年4月10日）

この事件は侵入者により殺害されてしまった労働者に関する使用者の損害賠償が争点になったものですが、その判断の過程で最高裁は、使用者は労働者に対する安全配慮義務を負っていると述べたのです。

そしてこの考え方は現在、法律として規定されています。

○労働契約法
（労働者の安全への配慮）
5条　使用者は、労働契約に伴い、労働者がその生命、身体等の安全を確保しつつ労働することができるよう、必要な配慮をするものとする。

労働安全衛生法

労働者の安全を確保しなければならないという具体的な使用者の義務の中身は労働安全衛生法とその関係法令が定めています。まずは次の条文を確認しておきましょう。

○労働安全衛生法
(事業者等の責務)
3条① 事業者は、単にこの法律で定める労働災害の防止のための最低基準を守るだけでなく、快適な職場環境の実現と労働条件の改善を通じて職場における労働者の安全と健康を確保するようにしなければならない。また、事業者は、国が実施する労働災害の防止に関する施策に協力するようにしなければならない。

ここでも、職場における労働者の安全と健康を確保するのは事業者の責務だとされているのです。

定期健康診断と産業医の選任

労働安全衛生法とその関係法令に規定されていることは非常に多岐にわたり、簡単にいえば、工事現場や工場の設備等はもちろん、職場の騒音や化学物質なども含めて基本的に「労働者にとってあらゆる面で安全な環境を用意すること」が使用者の義務とされています。本書ではその内容に詳細に立ち入ることはできませんが、ここではホワイトカラーの職場にも大いに関係する定期健康診断と産業医の選任についてだけ見ていきましょう。まずは定期健康診断について。

○労働安全衛生法
（健康診断）
66条①　事業者は、労働者に対し、厚生労働省令で定めるところにより、医師による健康診断（第66条の10第1項に規定する検査を除く。以下この条及び次条において同じ。）を行わなければならない。
○労働安全衛生規則
（定期健康診断）
44条①　事業者は、常時使用する労働者（第45条第1項に規定する労働者を除く。）に対し、1年以内ごとに1回、定期に、次の項目について医師による健康診断を行わなければならない。
一　既往歴及び業務歴の調査
二　自覚症状及び他覚症状の有無の検査
三　身長、体重、腹囲、視力及び聴力の検査
四　胸部エックス線検査及び喀痰（かくたん）検査
五　血圧の測定
六　貧血検査
七　肝機能検査
八　血中脂質検査
九　血糖検査
十　尿検査
十一　心電図検査

基本的に労働者は、使用者が用意する健康診断を最低年に1回、受けることができる、検査項目には自覚症状、血液検査、尿検査等が含まれる、ということです。

次に産業医について。

○労働安全衛生法
（産業医等）
13条① 事業者は、政令で定める規模の事業場ごとに、厚生労働省令で定めるところにより、医師のうちから産業医を選任し、その者に労働者の健康管理その他の厚生労働省令で定める事項（以下「労働者の健康管理等」という。）を行わせなければならない。

常時50人以上の労働者を使用する事業場には産業医の選任義務があります。また特に常時1000人以上の労働者を使用する事業場は専属産業医を置かなければなりません。専属産業医とは「普段は診療所にいて週に一度だけ事業場に相談対応に来る」といった医師でない、その事業場に属しているいわば常駐の産業医のことです。

労働者としては、体の不調を感じたりまた職場での悩み事があったりすれば、産業医に相談してみるとよいでしょう。

労災保険制度とは

正式名称「労働者災害補償保険法」、通称「労災保険法」により、仕事中の怪我などに補償が行われるのは皆さんもご存知でしょう。

これからこの労災保険制度を詳しく見ていきますが、労災保険制度の特徴をつかむためにクイズを2つ。

日本人労働者が日本の工場で働いていて機械が誤動作して怪我をしたような場合は、労災として労災保険制度から給付が行われることになります。では同じ例で、これが不法滞在の外国人労働者だった場合はどうでしょうか？　不法滞在の外国人ということは働く以前に日本にいること自体が違法です。彼らに対しては労災保険制度から給付が行われるでしょうか？

答え：給付が行われる（！）

これは、あらかじめ答えを知っているのでなければ皆さん驚かれたのではないでしょうか。「日本にいること自体が違法」という方々は給付以前に基本的には強制送還の対象です。たとえば国民健康保険制度や国民年金制度、また雇用保険制度も、このような方々に給付を行うことはありませんし、それが自然な発想だと思います。ではなぜ労災保険では給付を行うのか？

と問いかけだけ行って、次のクイズです。雇用保険制度の失業等給付に係る部分について保険料は労使折半、つまり労働者と使用者がそれぞれ同額を負担します。では労災保険の保険料の場合、労働者と使用者の負担割合は何対何でしょうか？　先ほどの雇用保険と同じように5：5なのか、たとえば7：3なのか、2：8なのか？

答え：使用者が全額負担、つまり労使で0：10（！）

実はこれが、先ほどの1つ目のクイズの答え「不法滞在の外国人労働者にも給付を行う」ということに関連します。

雇用保険の失業給付に係る部分について保険料を使用者と労働者が同額負担する理由は「失業は使用者と労働者の両方に責任があるから」です。両方に責任があるから労使の両方が負担する。わかりやすい。

ということは、労災保険で給付が行われる労働災害については使用者と労働者の両方に責任があるわけではないと国は考えているということです。誰に責任があるのか？　もちろん保険料を１００％負担している使用者です。

この章の前半の安全衛生のところでも見たように、使用者は労働者に対する安全配慮義務を負っています。そして仮に労働災害が起きた、つまりたとえば職場で使用者の管理下で労働者が怪我をする事故が起きてしまったような場合には、使用者は労働者に対する災害補償責任を負うのです。もともと使用者が補償するものであり、この使用者の労働者に対する災害補償責任を担保するのが労災保険制度です。この点が「被保険者が医療を受ける権利を保障する」ための健康保険制度などとの大きな違いであり、非常に重要なので覚えておいていただければと思います。

使用者が労働者に対して有する災害補償責任は、労働者が日本人であろうが不法滞在の外国人であろうが変わりません。そもそも不法滞在の外国人を（たいていの場合はそれと知りつつ）雇っておきながら、労災が起きた後になって使用者が行う「あの労働者は不法滞在者だ！　日本国内にいること自体がおかしいんだから補償なんてする必要はない」などという身勝手な主張が通るはずがないのです。仮にこんな主張が通るのであれば使用者は不法滞在の外国人を積極的に雇用する方が得になってしまいますので、この観点からもこのような主張を認めることはできません。

なお、労災保険制度はこのように「加入し、保険料を支払うのは事業主（使用者）」であり、「保険制度から給付を受けるのは災害にあった労働者（や遺族）」です。加入者と受給権者が異なっているので、これが一致している健康保険制度等のように「被保険者」という言い方はしません。「適用事業」「被災労働者」といった用語が使われます。

すべての労働者がカバーされる

もう1つの労災保険の大きな特徴は「すべての労働者がカバーされる」ということです（実際にはごくごくわずかな例外がありますが、非常に小さな例外なので皆さんは単に「すべての労働者がカバーされる」と考えていただいて構いません）。たとえば健康保険制度のように「おおむね週20時間以上」の労働時間の労働者、あるいは雇用保険制度のように「31日以上の雇用見込みがあること」といった要件がありません。正社員だろうが1日1時間のアルバイトだろうが、1日だけの短期といった形であっても、労働者であれば誰でも労災保険でカバーされます。逆にいえば、使用者としては労働者を1人でも雇えば必ず労災保険制度に加入しなければなりません。先に述べた「労災保険制度は使用者が労働者に対して有する災害補償責任を担保するもの」というポイントに立ち戻れば、労働者がパートだろうが有期だろうが、使用者が災害補償責任を負うことに変わりはないからです。

労働者に過失があっても使用者の責任？

さて授業をした際に複数の学生から次のような質問を受けました。「事業主が労働者に対する災害補償責任を負っているのはわかった。しかし一方で、事業主がきちんと対策を取っていて事業主の指示に従いさえすれば安全な職場であるのに、労働者が事業主の言うことを無視する等、労働者が悪いので労働者が怪我をしたような時にまで、『事業主の責任です』というのは事業主に酷ではないか」。

確かにおっしゃるとおりです。そのとおりだと思う。

ですが一方で「労働者に少しでもミスがあればそれは労働者が悪い。事業主は免責される」というのは、これは労働者にとってあまりに酷ではないでしょうか。そもそもたいていの労災では労働者に何らかの失敗があって怪我をするのが普通です。「労働者がまったく無過失、完璧な動きだったが、にもかかわらず怪我をした時にだけ労災となる」というのもおかしいでしょう。では、どう考えるべきか？

労働基準法と労災保険法においては、「重大な過失（重過失）」という概念で、労働者と使用者の責任について調整を図っています。

○労働基準法
（休業補償及び障害補償の例外）
78条 労働者が重大な過失によって業務上負傷し、又は疾病にかかり、且つ使用者がその過失について行政官庁の認定を受けた場合においては、休業補償又は障害補償を行わなくてもよい。

○労働者災害補償保険法

第12条の2の2② 労働者が故意の犯罪行為若しくは重大な過失により、又は正当な理由がなくて療養に関する指示に従わないことにより、負傷、疾病、障害若しくは死亡若しくはこれらの原因となった事故を生じさせ、又は負傷、疾病若しくは障害の程度を増進させ、若しくはその回復を妨げたときは、政府は、保険給付の全部又は一部を行わないことができる。

注意義務（＝気をつけておくべき義務）違反があれば法律上は「過失」になります。その中で「注意義務違反の程度の甚だしい過失」つまり「わずかな注意をしさえすれば容易に予見・回避できたであろう（に、そのわずかな注意すらしなかったために問題が生じた）」というものが「重大な過失（重過失）」とされています。

つまり、労働災害が発生した場合、労働者にこの重過失があれば使用者の責任は否定される（＝使用者の災害補償責任がなくなる）が、労働者に過失がないか、せいぜい重過失に至らない過失（軽過失）があるにとどまる場合には事業主の責任である。大変公平な結論だと思います。

使用者はいくら労災保険料を支払う？

使用者が納める労災保険制度の保険料について見ていきましょう。まず労災保険料率は業種ごとに定められています。考え方としては「その業種全体で発生した労災に対する保険給付を、その業種で賄えるようにするもの」ということです。

業種とは何か、どの程度の保険料率かについては、次の頁の表をご覧ください。

ご覧いただければわかるとおり、危険な業種ほど保険料率が高くなっています。それは、危険な業種ほど労災が起きる可能性が高くなり、結果として労災保険からの給付額も相対的に多くなるからです。保険料率が最も高い（つまり最も危険だと考えられる）業種は水力発電施設建設事業ですが、林業なども高いですね。逆に典型的なオフィスワークである金融業や保険業などは低くなっています。なお実際の保険料の額は「労働者の賃金総額に保険料率を乗じたもの」と考えていただいてよいです。

業種（例）	労災保険料率
水力発電施設建設事業	6.2%
林業	6.0%
海面漁業	1.8%
ビルメンテナンス業	0.55%
通信業、放送業、新聞業又は出版業	0.25%
金融業、保険業又は不動産業	0.25%

（2023年度）

このことは逆にいえば「業界全体で努力して労災事故を減らせばその業界の保険料率が下がる」ということを意味します。このような形で業界の取り組みが促されているのです。これに加えて、個々の事業場ごとにみても労災保険料率は「その事業場の労働災害の多寡に応じて、一定の範囲内で増減」します。これをメリット制といいます。つまり個別の事業場も、努力の結果労災を減らすことができれば納める保険料が少なくなるということです。

ややこしくなったのでまとめると、まずは業種（業界）ごとに決まった保険料率がある。それが基になりますが、個々の事業場の実績に基づいてその保険料率を増減させるメリット制が適用になり、最終的に個々の事業場の保険料率が決定されるということです。

大変合理的な制度だと思います。ですがこの制度にもデメリットがあります。お分かりでしょうか。

そのデメリットとは「労災が起きると将来の保険料が上がるので、事業場として労災をかくす（労災でなかったことにする）インセンティブが生ずる」ということです。よってこれについて対策が必要になります。「対策」に含まれるかわかりませんが、次の項目でも一言触れます。

労災請求は労働者の権利

労災が起き、労災保険給付の請求を行う際は、基本的に被災労働者（労災により怪我をした・病気になった労働者）が労働基準監督署に請求書を提出することになりますが、その請求書には「これは労災です」という旨の事業主（使用者）の証明欄があります。では使用者が「これは労災じゃないよ。仕事とは関係なく、私的な理由で怪我をしただけだ」といってその証明を拒否した場合には、労働者は請求が行えないのでしょうか？

そんなことはありません。ある事故が労災であるか否かを決めるのは国です。使用者ではありません。使用者が「労災ではない」といくら主張しても、国が「これは労災だ」と判断すればそれは労災として処理されます。この点は重要なので覚えておいてください。つまり、仮に使用者が請求書での労災の証明を拒否しても、労働者はその証明の欄が空欄のまま請求書の提出を行うことができるということです。

これは使用者の意見や立場にかかわらず労災請求は労働者の権利であるということを意味します。使用者がいかに労災をもみ消そうとしても労働者が請求すればそれまで。現実には労働者の請求を妨げるために使用者はあの手この手を使うでしょうし、脅迫まがいのことをするかもしれませんが、労働者が請求を行いさえすれば監督署が事業場に調査にやってくることでしょう。

なお、使用者が労災をもみ消そうとすることは「労災かくし」として処罰の対象となります（労働安全衛生法の報告義務違反、罰金50万円以下）。仮に使用者が本当に労災ではないと考えているなら、その旨を使用者証明の欄に記述するなりしてはっきり監督署に伝えればよいのです。

この「労災か否かを決めるのは国」というのは、通常はこれまで見てきたように「使用者が労災ではないと言っている事故を国が労災だと認める」場面が念頭にあります。ですが私は行政官としてこの反対の場面、つまり「使用者も労災だと考えているのに、国が労災だと認めなかった事案」の経験もあります。あまり詳細は書けないのですが、事業場外、勤務時間外の事故で、理由があって使用者側は労災だという証明欄にきちんと記入してきたのですが、監督署の段階で不支給とした（つまり労災ではないと判断した）ものです。こういった意味でも労災か否かを決定するのは使用者ではなく国なのです。国としては労災の給付のために国民（この場合は使用者たち）から預かった保険料を労災でないものへの給付として費消することはできませんし、またそういった「労災か否か」の判断は前例にもなるので使用者が肯定しているからという理由で国が安易に労災だと認めるわけにはいかないのです。

業務災害とは

ここからはどのような災害が労災保険給付の対象となるかを見ていきます。まず一般にイメージされる「仕事中に怪我をした」という労災を見てみましょう。

法律上は以下のようにされています。

○労働者災害補償保険法

7条① この法律による保険給付は、次に掲げる保険給付とする。

一 労働者の業務上の負傷、疾病、障害又は死亡（以下「業務災害」という。）に関する保険給付

［二号以下 略］

では、どのような時であれば業務上の負傷等（業務災害）と認められるのでしょうか。

厚生労働省はパンフレット『労災保険給付の概要』で次のように説明しています。労働者が「事業主の支配下にあるときに、業務が原因となって発生した災害に対して」保険給付が行われる。なお厳密には「労働者が労災保険の適用される事業場に雇われて」という条件も書いていますが、皆さんには1人でも労働者を雇えばすべて労災保険が適用される事業場になるという理解で十分ですので、その点は省略します。

まず「事業主の支配下にあるときに」は典型的には勤務時間中の職場ですが、たとえば出張中であってもこの要件に該当します。次に「業務が原因となって発生した災害」についてですが、職場での仕事中の怪我は多くの場合、業務が原因といえるでしょう。しかしたとえば大地震により職場で怪我をした場合は、職場の建物等に欠陥があったのでない限りは、怪我の原因は地震であって仕事ではないと、また職場で殴り合いの喧嘩をして怪我をしてもそれは「私的な行為が原因だ」と判断されることがほとんどでしょう。このような場合は業務が原因となって発生した災害とは認められません。

典型的な業務災害の事例は次のようなものです。工場で働いている労働者が仕事中、工場内の機械が誤作動した結果として腕を切ってしまった。通常は誰が見ても労災であるのは明らかであり、こういった場合に労災かどうか争いになることはめったにありません。このように怪我の場合は判断が容易であることが比較

的多いのですが、以下では労災であるか否かの判断が難しい事例の代表例、過労死と過労自殺を見ていきましょう。

過労死

日本で長らく問題になってきたのが過労死です。数か月（あるいはそれ以上）にわたり長時間労働を行った結果、健康だった労働者が突然死してしまう。また何らかの緊急事態のため数日間徹夜で対応した結果、倒れてそのまま亡くなる。このような過労死の事例が報じられるのを皆さんも聞いたことがあるでしょう。

過労死とは、医学的にいえば「くも膜下出血」「心筋梗塞」等の「脳・心臓疾患」による死亡のことです。つまりこれらは病気であり、「仕事が原因で起きる病気」というより誰もが発症する可能性があるものです。この点が「工場の機械による怪我」とは違うところです。

一方で「特に持病もない、非常に健康だった若者が毎日6時間以上残業し休日もなく働いた結果、数か月してくも膜下出血を発症して突然倒れ、そのまま亡くなった」ような場合に、「くも膜下出血は誰にでも起こり得る単なる病気。この労働者もたまたまその病気になっただけで不運でした。仕事は無関係だよね」というのは無理があります。このような場合には「仕事による過労が原因だろう」と強く推認されるというのが常識的なところでしょう。

ではどのように判断すべきでしょうか？

実務における実際の判断は厚生労働省の通達である「脳・心臓疾患の認定基準」に基づき行われています。

これは厚生労働省（その前身の労働省も含む）において医師等の有識者の議論を基に策定したものです。

その考え方は「業務による明らかな過重負荷が加わることによって、血管病変等がその自然経過を超えて著しく増悪」した場合に業務と疾病との因果関係を認める（＝労災と判断する）というものです。具体的には「発症前日までの異常な出来事（極度の緊張等）」「短期間（1週間程度）の過重業務」「長期間（半年程度）の過重業務」がないかを判断することとしています（なお、この判断基準による認定は「過労死」に限らず死亡に至らない「脳・心臓疾患」であっても同じなのですが、ここではわかりやすさのために「過労死」の用語で統一しています）。

過労自殺

一般には過労自殺は過労死と並列に扱われ、「過労死・過労自殺」とまとめて呼ばれますが、労災保険の観点からはこれら2つはまったく異なるものです。過労死は先ほど見たように「脳・心臓疾患」つまり病気でした。ですが過労自殺はその名のとおり「自殺」であり、脳・心臓疾患とは関係ないわけです。最も大きなポイントは「自殺」というのが労働者自身の行為であることです。これをどう判断するかは簡単な問題ではありません。

仮に労働者が職場で勤務時間中に腹立ちまぎれに机を蹴っ飛ばして自分の足を怪我をしたとします。ほとんどの場合は「業務と負傷との間に因果関係が認められない」と判断され、労災にはならないでしょう。自殺も労働者による行為なのだからそれと同じはずです。ですが一方で「職場で長らく陰湿ないじめを受けており、長時間労働もあいまって疲れ果てた労働者が自殺してしまった」という事件があるのを皆さんも耳にしたことがあるのではないでしょうか。これも先ほどの過労死の例と同様「労働者が自分の意思で自殺したのだから仕事（業務）との関連はないよ」というのは通らないでしょう。

ではどう考えるべきでしょうか？

労災保険上は、過労自殺はうつ病等の精神障害の延長にあるという判断基準です。精神障害については、厚労省の通達「心理的負荷による精神障害の認定基準について」に基づき、業務に起因する精神障害か否かが判断されます。具体的には、

○認定基準の対象となる精神障害を発病していること
○発病前おおむね6か月の間に、業務による強い心理的負荷が認められること
○業務以外の心理的負荷等により発病したと認められないこと

という基準です。これは筆者がかなり大ざっぱにまとめたもので、もちろん「認定基準」においてはより詳細な基準が設けられています。

そして自殺については、認定基準において「業務により……（対象の）精神障害を発病したと認められる者が自殺を図った場合には、精神障害によって正常の認識、行為選択能力が著しく阻害され、あるいは自殺行為を思いとどまる精神的抑制力が著しく阻害されている状態に陥ったものと推定し、業務起因性を認める」とされています。つまり認定基準を満たして業務による精神障害の発症が認められれば、その後の自殺についても基本的に業務上のものと認められるのです（なお、過労死の議論と同様、自殺に至らない精神障害についても認定基準による判断に従って業務上の疾病と認められます）。

労働災害が起きる前に対応！

ここまで制度について説明してきましたが、何より重要なのは「そもそも労働災害が起きないこと」「労働者が怪我や病気をしないこと」です。災害が起きて労働者である皆さんが大怪我をしてから補償が行われても、（補償が行われないよりはマシですが）別に嬉しくありません。仮に読者の皆さんの死亡が過労死と認められ、労災保険から給付が行われることになり、これまで過労死を否定していた会社が謝罪会見を開いたとしても、「いやー、めでたしめでたし」とはならないのです。怪我や病気にならないこと、過労死をしないことが何より重要なのは言うまでもありません。使用者の皆様には是非そういった環境整備に努めていただきたいですし、労働者の皆様にも是非気をつけていただきたい（危険を感じ、そして職場と話してもらちがあかなければ労働基準監督署に通報していただきたい）と思います。

労働者である皆さんは是非「倒れる前に休む。死ぬ前にちゃんと倒れて入院する」を心に刻み、実践していただきたいと思います。これは私が厚労省の2年目になった時に1年目の新人に贈った言葉ですが、我ながら非常によいことを言ったと思います。間違いなく正しい。なお、授業でこの言葉を私が意気揚々と紹介すると、「本当にそのとおりだ！」とほめてくれる学生もいましたが、ある帰国生からは「こんなアドバイスが必要になる**日本の働き方の闇を見た**気がした」というコメントをいただきました。そのとおりですね…。

労災保険の給付内容

怪我にせよ病気（脳・心臓疾患や精神障害ほか）にせよ、業務上の災害であると認められれば労災保険制度から給付が行われることになります。ここでは簡単に、代表的な給付の内容を見ておきましょう。

まずは怪我なり病気なりを医者に診てもらう際の費用の補償である療養補償給付。治療費の全額が補償されます。たとえば健康保険制度においては（高額療養費を除けば基本的に）3割の自己負担を行うことになりますが、労災であれば自己負担はないということです。

次にそれら怪我なり病気なりのために仕事ができなかった時の休業補償給付。休業4日目から、基本的に休業前の賃金の8割が補償されると考えていただければよいです。なお法律上は6割とされていますが、政府の事業で2割を上乗せしています。

仮に怪我で身体に障害が残ってしまった場合には、その障害の等級に応じた障害補償給付が、不幸にして亡くなってしまった場合には遺族に対して遺族補償給付が行われます。

通勤災害について

たとえば会社に向かっている通勤途中で電車が脱線事故を起こして怪我をしたような場合も、通勤中は「仕事中」ではありませんが労災保険制度から給付が行われます。この通勤中の事故を「通勤災害」といいます。先ほどの「業務災害」と同じ部分に出てくるので、再掲になる部分もありますが併せて見てみましょう。

〇労働者災害補償保険法

7条① この法律による保険給付は、次に掲げる保険給付とする。

一 労働者の業務上の負傷、疾病、障害又は死亡（以下「業務災害」という。）に関する保険給付

三 労働者の通勤による負傷、疾病、障害又は死亡（以下「通勤災害」という。）に関する保険給付

〔二・四号 略〕

これは業務災害に対する給付（1947年）より後の1973年に、労働者の保護のために作られた制度です。述べてきたとおり使用者は労働者に対して業務上の災害について災害補償責任を負っています。ですが通勤中の災害まで使用者が責任を負うわけではありません。先ほどの「通勤電車が脱線した」例で、（鉄道会社でない）使用者に通勤電車の安全にまで責任があるということは難しいでしょう。これを踏まえ、労災保険法において通勤災害に関する給付についてはその名称が業務災害の給付と異なっています。

〇労働者災害補償保険法

12条の8① 第7条第1項第1号の業務災害に関する保険給付は、次に掲げる保険給付とする。

一 療養補償給付

二 休業補償給付

〔以下の号 略〕

21条 第7条第1項第3号の通勤災害に関する保険給付は、次に掲げる保険給付とする。

一 療養給付

二 休業給付

〔以下の号 略〕

このように、通勤災害においては「補償」という文言がありません。使用者に責任がなく、使用者が「補償」を行うべきものではないためです。

なお、このように文言が異なるだけで、給付内容は業務災害と通勤災害とで違いはありません。

通勤災害の要件

厚労省のパンフレットによれば、通勤とは「就業に関し、……住居と就業の場所との間の往復……（等）を、合理的な経路及び方法で行うこと」をいう、また「移動の経路を逸脱し、または中断した場合には、逸脱及び中断の間またはその後の移動は『通勤』とはなりません」とされています。つまり家と職場との往復の過程は当然に通勤に該当するけれども、職場からの帰り道に映画館に寄って映画を観て帰ったような場合、映画館からの帰り道で怪我をしたとしてもそれは「映画からの帰り」であって「通勤」ではないのだ、ということです。ただし日常生活上の必要な行為、たとえば最寄りのスーパーに寄って食料品を買って帰ること等は認められており、その場合は通勤経路を外れている間は通勤とはされませんが、通勤経路に戻った後は通勤として認められます。この内容を図示すると次の頁の図のようになります。常識にかなう内容だと思います。

また、通勤災害の「通勤による負傷（等）」の意味について、厚生労働省は通達において次のように説明しています。

「「通勤による」とは通勤と相当因果関係のあること、つまり、通勤に通常伴う危険が具体化したことをいう。

① 具体的には、通勤の途中において、自動車にひかれた場合、電車が急停車したため転倒して受傷した場合、駅の階段から転落した場合、歩行中にビルの建設現場から落下してきた物体により負傷した場合、転倒したタンクローリーから流れ出す有害物質により急性中毒にかかった場合等、一般に通勤中に発生した災害は通勤によるものと認められる。

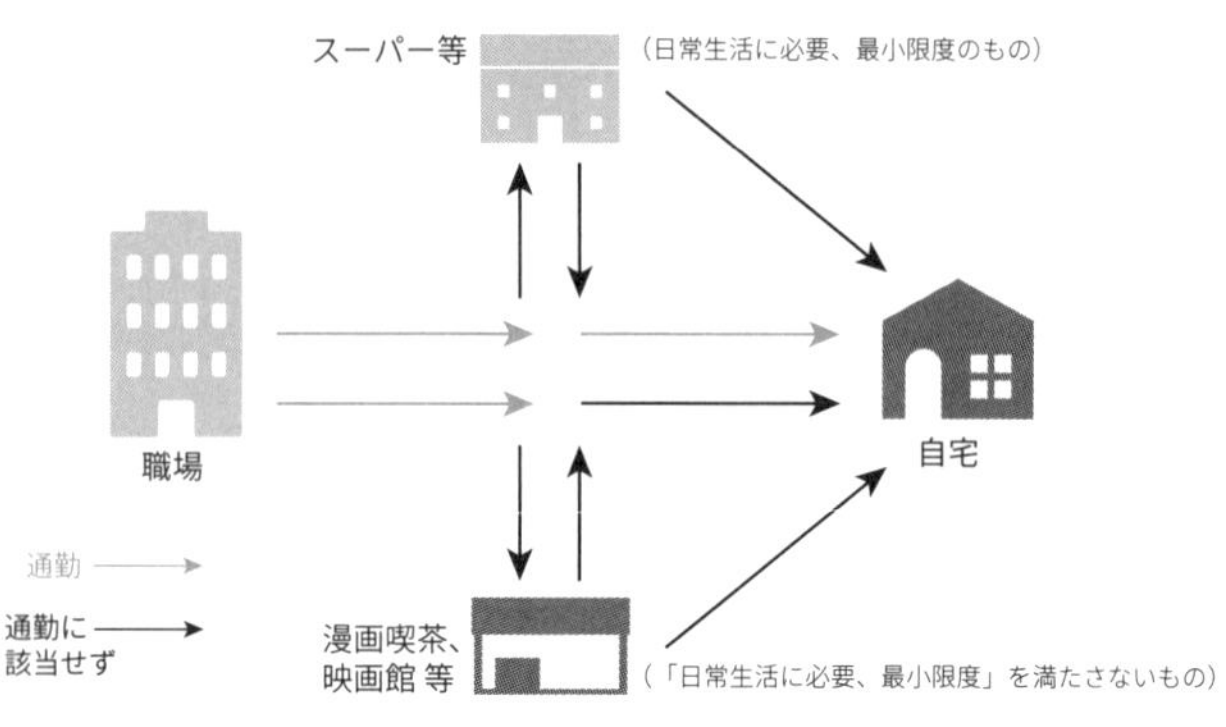

② しかし、自殺の場合、その他被災者の故意によって生じた災害、通勤の途中で怨恨をもってけんかをしかけて負傷した場合などは、通勤をしていることが原因となって災害が発生したものではないので、通勤災害とは認められない。」（「労働者災害補償保険法の一部を改正する法律等の施行について」）

「通勤に通常伴う危険が具体化したか否か」がポイントになるということです。この通達での例以外にも、たとえば通勤中に大地震に遭遇した場合、また通勤電車に乗っていたら隕石が落ちてきた場合などは、「通勤に通常伴う危険」とは認められないでしょう。先の業務災害の説明と同様にこの場合も、原因は通勤ではなくて大地震や隕石だ、ということです。

なお、通勤災害については先ほど説明した使用者の「メリット制」に影響はありません。よって使用者側には労働者の通勤災害の労災保険給付請求を妨害するメリットはありません。

第11章

「クビだ！」ってあり？

「山本君、解雇がほとんど不可能であることについて、どう思う？」

「労働者としては長期的な生活設計も可能になりますし、また仕事でも短期的な利益を追いかけなくてよくなるからメリットは大きいと思います。」

（鈴木さん、懐からムチを取り出す）

「貴様、クビにならないことをいいことに、最低限の仕事だけこなして会社から給料をむしり取り、安穏と生きていくつもりであろう。そのような魂胆は許さぬぞ！」 ビシッ（ムチで床を叩く音）

「ひぃぃ…。そんなつもりはありませぬ。見逃してくだせえ…。」

「やかましい、このうつけ者め！」 ビシッ **「そのほうのような甘えた労働者こそ、会社どころか我が国を緩慢に滅亡に導く、まさに獅子身中の虫！ ここで成敗してくれる、覚悟を決めよ！」**

「ひぃぃ、お代官様！ 誤解でございます。わたくしめは、いただいた給料にきちんと見合う働きをする所存でございます。」

「このどてかぼちゃめ！ 『給料に見合う』ではないわ。『給料を超える』働きをせねば会社は成長せぬであろうが！ さあ今すぐ辞世の句を詠め！」

「ひぃぃ、どうかご容赦を、ご慈悲を…。」

「というわけで山本君。」（と鈴木さん、ムチを懐にしまって）**「経営者の立場からすると、不要な従業員をクビにできないのは正直やってられないよ。」**

「まったく、鈴木さんどこにスイッチがあるかわかりませんね。そしてこん棒と鎖がまに加えてムチも持ってるんですね。この便利な時代ならムチもネットで買えるんですか？」

「これは自作した。バラの、トゲだらけの茎を編んで。」

「…いばらのムチですね。鈴木さん意外と時間あるんですね。そしてそんなのを懐に入れててよくご自身が無事ですね。まあそんなことはどうでもいいんですが…。いや鈴木さん、経営者の一存でいつでもクビになったらそれこそやってられないです、労働者の立場では。」

「でも経営者としてはこの話をすると熱くならざるを得ないんだよね。一度雇ったが最後、不要な労働者をクビにもできない、ってそれどういう了見？　そんな制約があって会社を成長させるとか無理じゃないマジで？　手足を縛られて『華麗に泳げ！』って言われてるようなものだと思うよ。」

「まあ気持ちはわかりますが…。」

「でしょ？　山本君はさっき私のスイッチと言ったけど、ほとんどの経営者はこの点にスイッチがあると思うよ。解雇ができないという条件下で会社を経営するのは辛い。」

「つまり『無理難題』ってことですね。」

「そのまんまだよね？」

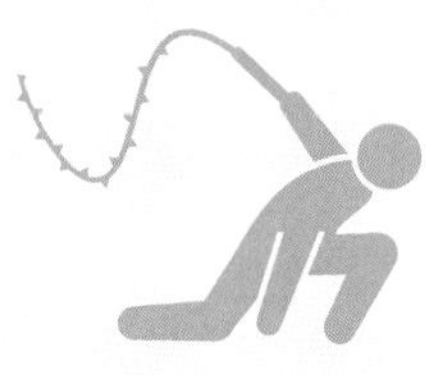

「労働者」でなくなる時

ここまで、採用以前の「内定者」等の地位に伴う権利から、採用後の労働者としての権利（使用者の観点からは義務）を見てきました。この章では仕事を辞め、ないし解雇され、労働者でなくなる場面について見ていきましょう。労働者自らの意思による「退職」と使用者による「解雇」が主な場面です。

労働者による退職

期間の定めのない労働契約の場合、労働者が自らの意思で退職するのは基本的に自由です。

○民法
（期間の定めのない雇用の解約の申入れ）
627条① 当事者が雇用の期間を定めなかったときは、各当事者は、いつでも解約の申入れをすることができる。この場合において、雇用は、解約の申入れの日から2週間を経過することによって終了する。

つまり2週間前までに解約を申し入れる（「退職します」と伝える）ことで、辞めることができます。

ここで問題となるのは、労働者が退職することを伝えても「お前の退職なんか認めない！ 辞めるなら代わりの労働者を連れてこい」などと使用者側が拒否をする場合です。よくテレビドラマなどで辞職届を上司がビリビリに破り捨てる場面がありますよね。どうすればよいでしょうか？

法令上は明らかなとおり労働者側の解約の申し入れによって雇用契約が終了するわけで、そこに使用者の諾否が介在する余地はない、つまり使用者が認めようが認めまいがその効果は変わらないわけです。実際の運用としては、口頭で伝えても「聞いていない」と言われ、辞職届を紙で手渡しても「受け取っていない」と言われるでしょうから、辞職届を内容証明郵便で使用者に送付すればよいのです。これで辞職届の内容と使用者がいつ受け取ったかの記録が残るので、使用者は「受け取っていない」という言い訳ができなくなります。

ここまでは期間の定めのない労働契約の場合を見ましたが、期間の定めのある労働契約の場合はどうでしょうか。条文を確認しておきましょう。

○民法
（やむを得ない事由による雇用の解除）
６２８条　当事者が雇用の期間を定めた場合であっても、やむを得ない事由があるときは、各当事者は、直ちに契約の解除をすることができる。この場合において、その事由が当事者の一方の過失によって生じたものであるときは、相手方に対して損害賠償の責任を負う。

この場合は「やむを得ない事由があるときは」直ちに契約の解除が可能とされています。たとえばある労働者が3か月間のプロジェクトに参加するために雇われ、期間が3か月の労働契約を締結したような場合は、やむを得ない事由がなければ3か月より前に辞めることはできないという規定です。もっとも実際には労働者が辞めるというのを止めることはできないでしょうから、期間の途中で辞めた場合は使用者に対する損害賠償を行わなければならない可能性があると理解いただければ結構です。

解雇について

では使用者による解雇の場合はどのようなルールになっているでしょうか。先ほど見た、期間の定めのない（特に契約期間が決まっていない）労働契約の場合の規定において、解約の申し入れの主体は「各当事者」であるとされています。つまり労働者だけでなく使用者も「いつでも解約の申入れをすることができ」、「雇用は、解約の申入れの日から2週間を経過することによって終了する」という規定だということです。

…え？　使用者も2週間前に労働者に伝えれば労働契約を終了できる（つまり労働者を解雇できる）ということでしょうか？　もしそうであれば、労働者の雇用の安定も生活の保障も何もあったものではありません。

では有名な判例を見てみましょう。1976年の最高裁判決ですが、この判決の考え方がそのまま現在の労働契約法16条に受け継がれています。興味深い判決なので、というよりはっきり言えばめちゃくちゃ面白いので、長くなりますが引用します。この判決は是非！　読んでいただきたいですね。ラジオ局のアナウンサーが2週間で2回寝坊して放送に穴をあけて解雇されたことについて、その解雇の有効性が争われた事案です。

「就業規則所定の懲戒事由にあたる事実がある場合において、本人の再就職など将来を考慮して、懲戒解雇に処することなく、普通解雇に処することは、それがたとえ懲戒の目的を有するとしても、必ずしも許されないわけではない。そして、右のような場合に、普通解雇として解雇するには、普通解雇の要件を備えていれば足り、懲戒解雇の要件まで要求されるものではないと解すべきである。

……［本件は懲戒解雇事由にも普通解雇事由にも該当するが、］普通解雇事由がある場合においても、使用者は常に解雇しうるものではなく、当該具体的な事情のもとにおいて、解雇に処することが著しく不合理であり、社会通念上相当なものとして是認することができないときには、当該解雇の意思表示は、解雇権の濫用として無効になるものというべきである。

……本件においては、被上告人〔引用者註：ラジオ局のアナウンサーで、解雇になった労働者〕の起こした第一、第二事故〔引用者註：ラジオ放送に穴をあけたこと〕は、定時放送を使命とする上告会社〔引用者註：本件労働者を解雇したラジオ局〕の対外的信用を著しく失墜するものであり、また、被上告人が寝過しという同一態様に基づき特に2週間内に二度も同様の事故を起こしたことは、アナウンサーとしての責任感に欠け、更に、第二事故直後においては卒直に自己の非を認めなかった等の点を考慮すると、被上告人に非がないということはできないが、他面、原審が確定した事実によれば、本件事故は、いずれも被上告人の寝過しという過失行為によって発生したものであって、悪意ないし故意によるものではなく、また、通常は、ファックス担当者が先に起きアナウンサーを起こすことになっていたところ、本件第一、第二事故ともファックス担当者においても寝過し、定時に被上告人を起こしてニュース原稿を手交しなかったのであり、事故発生につき被上告人のみを責めるのは酷であること、被上告人は、第一事故については直ちに謝罪し、第二事故については起床後一刻も早くスタジオ入りすべく努力したこと、第一、第二事故とも寝過しによる放送の空白時間はさほど長時間とはいえないこと、上告会社において早朝のニュース放送の万全を期すべき何らの措置も講じていなかったこと、事実と異なる事故報告書を提出した点についても、1階通路ドアの開閉状況に被上告人の誤解があり、また短期間内に二度の放送事故を起こし気後れしていたことを考えると、右の点を強く責めることはできないこと、被上告人はこれまで放送事故歴がなく、平素の勤務成績も別段悪くないこと、第二事故のファックス担当者Eはけん責処分に処せられたにすぎないこと、上告会社においては従前放送事故を理由に解雇された事例はなかったこと、第二事故についても結局は自己の非を認めて謝罪の意を表明していること、等の事実があるというのであって、右のような事情のもとにおいて、被上告人に対し解雇をもってのぞむことは、いささか苛酷にすぎ、合理性を欠くうらみなしとせず、必ずしも社会的に相当なものとして是認することはできないと考えられる余地がある。したがって、本件解雇の意思表示を解雇権の濫用として無効とした原審の判断は、結局、正当と認められる。」（最高裁第二小法廷判決昭和52年1月31日【高知放送事件】）

いかがでしょうか？　この事件では、確かにアナウンサーを起こすべき者（判決中の「ファックス担当者」）が他におり、その者も寝過ごした、また会社で代替手段が講じられていない等、リスク管理体制が不十分だったとはいえ、寝過ごしにより2週間に2回の放送事故（担当時間に放送されるべきラジオが放送できなかったこと）を引き起こした担当者について、懲戒解雇どころか普通解雇もできないという判決です。私としては「解雇は極めて困難」と言わざるを得ないと思います。もっとも、私の授業を受けた学生たちの感想をまとめると、「こんなの解雇されて当然だと思うのにこれでも解雇できないとは！」という旨の意見と「いや、たった2回の寝坊くらいで解雇されるとすると厳しすぎるのでは。解雇されなくてよいのでは」という旨の意見がだいたい7対3くらいでした。ですので私の意見が圧倒的多数派というわけでもないようです。いずれにせよ、「合理性を欠くうらみなしとせず」だとか「是認することはできないと考えられる余地がある」だとかと**言い訳がましく述べた**最高裁判決を私は他に知りません。

判決文中の「普通解雇事由がある場合においても、使用者は常に解雇しうるものではなく、当該具体的な事情のもとにおいて、解雇に処することが著しく不合理であり、社会通念上相当なものとして是認することができないときには、当該解雇の意思表示は、解雇権の濫用として無効になる」という部分が解雇権濫用法理と呼ばれるものであり、これも含め一連の判決で確立されたとされています。1章でも軽く触れましたが、最高裁がある日突然「解雇権濫用法理」を新設したために、多くの人が唖然とし、社会がひっくり返された、というわけではありません。もともと日本の会社はコミュニティであり、解雇されないことの裏返しとして労働者は使用者の言うがままに長時間労働を行い、また転勤も含む人事異動に従ってきた。「会社のお金を盗んだりしない限りは解雇なんてあり得ない」ということが使用者と労働者も含めほとんどの人に当然のこととして共有されていた。ただそのことはたまたま法律の条文になっていなかった。これに加えて「終身雇用」「1つの会社に勤め上げるのが当然」だった当時は解雇される人はもちろん途中で転職する人も少なかったために中途採用市場がほとんど存在せず、解雇になるとその労働者が非常に厳しい立場に立たされるという事情も、この最高裁判決の考慮要素にあったでしょう。ですので、最高裁がこの判決とその後の一連の判決で解雇権濫用法理を確立した時も人々には特段の違和感なく受け止められたのです。

そして先ほど述べたとおりこの解雇権濫用法理がそのまま労働契約法の条文になっています。

○労働契約法
(解雇)
16条　解雇は、客観的に合理的な理由を欠き、社会通念上相当であると認められない場合は、その権利を濫用したものとして、無効とする。

この条文についての厚生労働省の説明は次のとおりです。

「……〔要旨、労働契約法第16条については〕「解雇権濫用の評価の前提となる事実のうち、圧倒的に多くのものについて使用者側に主張立証責任を負わせている現在の裁判実務を何ら変更することなく最高裁判所判決で確立した解雇権濫用法理を法律上明定したもの」……〔という〕ことが立法者の意思であることが明らかにされて……〔いる〕。」（厚生労働省「労働契約法のあらまし」）

判例法理であった解雇権濫用法理の内容が変更されることなく、そのまま労働契約法16条になったという趣旨です。先ほどの「高知放送事件」のアナウンサーが解雇されるべきか否かはともかく、現実にはこの解雇権濫用法理（と労働契約法16条）により、日本における解雇は極めて困難ということになっています。これについて弁護士である向井氏は次のように述べています。

「経営者や人事・労務担当者によく理解しておいていただきたいのは、日本の労働法では、『解雇』というものを異常なまでに厳しく規制しているという点です。」（向井蘭『労働法のしくみと仕事がわかる本』）

「異常なまでに厳しく規制」。実務をされている氏の実感でしょう。

解雇権濫用法理の背景にある考え方は次のようなものです。「そのポストがなくなったから、あるいはその労働者が能力不足だから、解雇したい？　これまでは使用者の一存で好き勝手に配置換えしてきたよね。これまでどおり、どこか別の部署で能力を発揮してもらえばいいのでは。解雇を検討する時だけ、今さら何言ってるの？」。濱口桂一郎氏の『ジョブ型雇用社会とは何か』や海老原嗣生氏の「日本型の「新卒一括採用」は、本当に悪なのか？」においても同様の解説がなされていますが、これは覆すのがかなり難しい論理でしょう。どうも解雇権濫用法理を打ち出した裁判所が「経済音痴なので労働者に甘い判決を出しただけ」なのではなさそうです。労働者を自由に異動させる人事権を変更せずに解雇だけ容易にするというのは難しいということです。

解雇には、法令上の分類ではありませんが大きく分けて「普通解雇」「整理解雇」そして「懲戒解雇」の3種類があります。これらについて理解するために、厚労省が作成しているモデル就業規則を見てみましょう。

○モデル就業規則

（解雇）

53条　労働者が次のいずれかに該当するときは、解雇することがある。

①　勤務状況が著しく不良で、改善の見込みがなく、労働者としての職責を果たし得ないとき。

②　勤務成績又は業務能率が著しく不良で、向上の見込みがなく、他の職務にも転換できない等就業に適さないとき。

③　業務上の負傷又は疾病による療養の開始後3年を経過しても当該負傷又は疾病が治らない場合であって、労働者が傷病補償年金を受けているとき又は受けることとなったとき（会社が打ち切り補償を支払ったときを含む。）。

④　精神又は身体の障害により業務に耐えられないとき。

⑤　試用期間における作業能率又は勤務態度が著しく不良で、労働者として不適格であると認められたとき。

⑥　第68条第2項に定める懲戒解雇事由に該当する事実が認められたとき。

⑦　事業の運営上又は天災事変その他これに準ずるやむを得ない事由により、事業の縮小又は部門の閉鎖等を行う必要が生じ、かつ他の職務への転換が困難なとき。

⑧　その他前各号に準ずるやむを得ない事由があったとき。

（懲戒の事由）

68条2　労働者が次のいずれかに該当するときは、懲戒解雇とする。ただし、平素の服務態度その他情状によっては、第53条に定める普通解雇、前条に定める減給又は出勤停止とすることがある。

①　重要な経歴を詐称して雇用されたとき。

②　正当な理由なく無断欠勤が……日以上に及び、出勤の督促に応じなかったとき。

③　正当な理由なく無断でしばしば遅刻、早退又は欠勤を繰り返し、……回にわたって注意を受けても改めなかった

とき。

④ 正当な理由なく、しばしば業務上の指示・命令に従わなかったとき。

⑤ 故意又は重大な過失により会社に重大な損害を与えたとき。

⑥ 会社内において刑法その他刑罰法規の各規定に違反する行為を行い、その犯罪事実が明らかとなったとき（当該行為が軽微な違反である場合を除く。）。

〔以下略〕

このモデル就業規則にいう53条1項の⑦を除く理由による解雇が普通解雇、⑦による解雇が整理解雇、68条2項による解雇が懲戒解雇です。普通解雇においても懲戒解雇においても「会社側から何度も指摘した」という証拠の文書をきちんと残しておくことが使用者側にとって重要だと向井氏は解説されています（『労働法のしくみと仕事がわかる本』）。以下では整理解雇について見ていきましょう。

整理解雇の4要素

整理解雇とは経営上の理由による解雇のことです。つまり、「会社の経営が厳しくなってきた。このままでは倒産しそうだ。労働者に給料を払うのもきつい。労働者の数を減らして（＝解雇して）人件費を圧縮しよう」ということです。

この整理解雇が適法であると認められるためには「整理解雇の4要素」すなわち「人員削減の必要性」「人選の合理性」「解雇回避努力」「手続の相当性」による判断が必要だとされています。整理解雇の4要素は、もともとは「大村野上事件」（長崎地裁大村支部判決昭和50年12月24日）において長崎地裁が示した基準です。

この4要素の法的性格については諸説あるようです。最高裁がこれについて判断を下していないので裁判例としても統一されていないようですが、東京高裁は明示的に「これらは要件ではない」つまりその1つでも欠ければ直ちに整理解雇が無効になるという性質のものではないと判示しています。

「控訴人が整理解雇の4要件として主張する〔1〕人員削減の必要性、〔2〕人選の合理性、〔3〕解雇回避努力、〔4〕手続の相当性は、整理解雇の効力（権利濫用の有無）を総合的に判断する上での重要な要素を類型化したものとして意味を持つにすぎないものであって、整理解雇を有効と認めるについての厳格な意味での「要件」ではないと解すべきである。」（東京高裁判決平成18年12月26日）

「要件」ではないとしても、いずれにせよ「これらのいずれかを欠くと、解雇が無効と判断されやすくなる」ことは間違いないようです。ということは、労働者の皆さんはある日社長に呼ばれて「君も知ってのとおり我が社の状況は大変厳しい。申し訳ないが君には退職してもらう。解雇予告手当は就業規則どおり30日分支払うから。すまないね」と突然言われたところで受け入れる必要はないですし、経営者（使用者）の方々も「そろそろヤバいな。あの人とあの人に会社を去ってもらって（解雇して）どうにかしよう」などと安易に考えても通らないということです。是非ご注意いただきたいと思います。

比較的新しい判決では、人員削減の「必要性は存在したが高度なものではなかった」といったきめ細かな認定がされており、たとえば「解雇回避の努力は不十分であったから他の点について判断するまでもなく整理解雇は無効」といった判断の仕方はしていません（東京地裁判決令和元年5月23日）。やはり「4要素は、厳密な意味で整理解雇の有効性を決する要件」であるとはされておらず、4要素について詳細に事実認定と判断が行われ、総合的に勘案された上で整理解雇の有効性が判断されています。

ここまで見てきたように使用者が労働者を解雇するのは容易ではありません。一方で労働者側が自分の意思で退職するのは自由でした。だとすると、辞めてもらいたい労働者が自分で辞めてくれると使用者にとっては大変好都合です。そこで「君、辞めてくれませんか？」という退職勧奨が行われるわけです。

重要なのは「これは勧奨にすぎず、退職するもしないも労働者の自由だ」ということです。労働者が嫌だと言えばそれまでです。これまで繰り返し述べてきたとおり実態に基づいた判断が行われるのはこの点についても同じです。実際は労働者側に退職以外の選択肢がなかった（退職を強要した、脅迫した等）のに、「退職勧奨したら労働者が自分から辞めたのです」などという説明は通りません。労働者が真に自発的に退職したのだという状況が必要です。

まったく余談ですが、よくドラマで警官が言う「一緒に来ていただけますか？」って、どういうことでしょうか？　一般に警察が容疑者の取り調べを行うには（現行犯逮捕の場合を除いて）裁判所による令状が必要です。令状はないが警察署で事情聴取をしたい場合には「任意同行」という方法があります。「一緒に来ていただけますか？」、これが任意同行です。その名の通り「任意」なので、警察に声をかけられても断ることが可能です。警官に「来ていただけますか？」と言われて断れるわけないでしょ、「来い」と言われてるのと同じでしょと考える人が多いのではないかと思います（私はそうでした）が、任意同行なので断っても何の不利益もないです。**…って何の話をしているんだ！**　話がそれましたが、退職勧奨についても同じように「自由に断れる」実態が必要だということです。

競業避止義務

労働者が退職した後にも退職前の会社との間に義務があることがあります。その代表的なものが、一定期間は競合他社に就職しないといった「競業避止義務」です。

これが認められれば競合他社に自社のノウハウ等（あるいは労働者自体）を奪われないというメリットが会社側にあるのはわかります。ですがなぜ退職した労働者（正確には「元労働者」ですね）が縛られなければならないのでしょうか？　何を根拠に、すでに会社の労働者でなくなった個人に義務がかかるのでしょうか？

これについては、判例の積み重ねでルールが形成されてきました。それをまとめるとざっと次のようになります。在職中の競業避止義務つまり副業として同じ顧客相手に本業と同内容のもの（サービス）を売ることが許されないという義務は、「使用者に不当な損害を与えてはならない」という労働契約上の義務に当然に含まれるので、就業規則ほかに規定がなくても認められる。一方、退職後については、労働契約（ないし誓約書等）にその旨の明示・明文があることを前提として（つまり明示がないと退職後の競業避止義務は認められない）、さらに、退職後の競業の制限が広すぎない・長すぎないことが必要である（広すぎる場所あるいは長すぎる期間を定めていると無効になる）。

雇用保険の求職者給付

皆さんが労働者であった場合、（細かな要件等はありますが、）解雇されたこと等による突然の失業の場合にせよ自発的に退職した場合にせよ、雇用保険制度から求職者給付が行われますので、そのような場合にはハローワーク（公共職業安定所）で確認してみてください。ただし、この給付を受け取るにはその名のとおり「求職者」である必要がある、つまり現にハローワークを通じて仕事を探していなければなりません。なお、自発的に退職したいわゆる自己都合退職の場合は、解雇や倒産の場合よりも支給期間が短くなり、また最初の3か月間は支給されない（待期期間といいます）という違いがあります。

第12章

「非正規労働者」はこれまでと違う！

「山本君はもし内定が得られなかったら留年してた？　卒業してアルバイトとかで働いていた？」

「たぶん留年でしょうね。そしてもう1回就活したと思います。」

「なるほど。ただこれからは非正規労働者のなり手が減るので待遇は上がっていくという予測もあるし、正規労働者と非正規労働者の位置づけは今後の世の中でどんどん変わっていくかもしれないよ。将来的にはむしろ正規労働者・正社員なんていう概念がなくなるかもしれない。企業も、1つのプロジェクトごとにもっと素早く柔軟に、必要な作業ができるチームを外注して、プロジェクトが終わったらチームも解散、といったやり方が主流になると予想する人もいるよ。変化は速いからね。」

「正規雇用自体が減っていく、ってことですか。」

「まあ今すぐではないだろうけどね。」

「勉強になりました。ただ引き続き、正社員は安定していて非正規は安定していない、景気が悪くなると非正規が真っ先に切られやすい…その点が正規と非正規の違いになるんじゃないかな。」

「山本君にしては鋭い意見。一理ある。」

「余計な一言が聞こえましたが…、ありがとうございます。」

「今後の変化に注目だね。」

「『一寸先は闇』ですからね。」

「ちょっと文脈が違うと思うけど…。」

正規・非正規は法律用語ではない

この章では、派遣労働者、有期雇用労働者、パートタイム労働者などの、いわゆる「非正規労働者」について見ていきます。

まず「正規労働者」「非正規労働者」とは法令上の用語ではないため法令による定義もありませんが、正規労働者とは一般に「①期間の定めのない雇用契約を②使用者と結んだ（使用者に直接雇用されている）③フルタイムの労働者」を指すとされることが多く、ほぼ「正社員」のイメージと重なります。そしてそれ以外の労働者が非正規労働者です。具体的には、①ではなく期間の定めのある雇用契約を結んでいれば読んで字のごとく「有期労働者」ですし、③のようにフルタイムでなければこれもそのまま「パートタイム（労働者）」です。また②のような直接雇用契約を結んでいない会社（事業主）に指揮命令される働き方をする労働者は「派遣労働者」です。

一般にはこのように理解されており、繰り返しになりますが「正規」「非正規」に法令による直接の定義はないのですが、略称「有期・パートタイム労働法」の下記の規定が「正規労働者・非正規労働者とは何か」の観点から非常に示唆的です。

〇有期・パートタイム労働法
（通常の労働者と同視すべき短時間・有期雇用労働者に対する差別的取扱いの禁止）
9条　事業主は、職務の内容が通常の労働者と同一の短時間・有期雇用労働者［略］であって、当該事業所における慣行その他の事情からみて、当該事業主との雇用関係が終了するまでの全期間において、その職務の内容及び配置が当該通常の労働者の職務の内容及び配置の変更の範囲と同一の範囲で変更されることが見込まれるもの［略］については、短時間・有期雇用労働者であることを理由として、基本給、賞与その他の待遇のそれぞれについて、差別的取扱いをしてはならない。

これは、「有期雇用やパートタイムであっても、このような労働者であれば通常の労働者（＝正規労働者）のことだと考えていただいて構いません）と同等の待遇にしなければならない」という規定ですが、要約すればその条件が「雇用の全期間、職務の内容及び配置が通常の労働者と同様に変更されることが見込まれるもの」である場合は、とされています。つまり通常の労働者（正規労働者）は「職務の内容及び配置が変更される」ことが前提となっているのです。

4章でも触れましたが、まさにこれが日本における正社員のイメージでしょう。営業をしていた人が「来月から人事部に行ってくれ」と言われる。本社で経営企画をしていたが、次はあそこの支店長だと指示される。そうやって異動を繰り返し、様々な部署を経験しながら出世していくというものです。

非正規労働者に対しても労働法が適用される

非正規労働者に関して一番重要なことは「非正規労働者はその名のとおり労働者であるので労働法が適用になる」ということです。つまり「アルバイト（＝パート労働者であることが多いでしょう）には労働法なんか関係ないんだよ」などということはない。たとえばレストランのバイトで「今日は客が多いから23時まで働いてもらうよ」という場合、22時以降の労働時間については深夜労働の割増賃金の適用があるということになります。

ですが、その労働時間の短さ等を考慮に入れて正規労働者とは異なるルールになっていることも多くあります。5章の復習になりますが、わかりやすい例は「年次有給休暇の付与日数」です。「勤続6か月で10日付与。その後、勤続が延びるごとに増え、勤続6年6か月で20日」というのが最低基準ですが、これをそのまま週1日勤務のアルバイトに適用するとどうでしょうか。6か月はおおむね26週間ですから、週1日ということで26日働いただけで10日間の有給休暇がもらえ、それを使えば給料をもらいながら（週1日なので）10週間休めることになってしまいます！　これはさすがに使用者にとってフェアではないでしょう。そこで、週所定の労働日数が少ない労働者については、それを考慮に入れた日数に修正されています（たとえば先の週1日の労働者であれば、6か月勤続で1日以上の年次有給休暇です）。

また、有期労働者とパートタイム労働者に対しては「有期・パートタイム労働法」「労働者派遣法」という特別の法律が（他の労働法に加えて）適用になります。

昨今の「同一労働同一賃金」の動き

ここでは非正規労働者に関する比較的最近の動き、いわゆる「同一労働同一賃金」について解説します。働き方改革の一環としてパートタイム・有期雇用労働法と労働者派遣法が改正され、パート・有期・派遣といったいわゆる非正規労働者の待遇等について、正規労働者（正社員）と不合理な格差を設けるといったことが禁止されました（2020年4月に施行）。具体的に企業が何をしなければならないか、どのような義務があるのかはこの後で説明します。

この改正の目的については、厚生労働省の資料においては「どのような雇用形態を選択しても待遇に納得して働き続けられるようにすることで、多様で柔軟な働き方を『選択』できるようにすること」と説明されています。働き方改革関連法の前提となる「働き方改革実行計画」においては、次のような記述がありました。

「「正規」、「非正規」という2つの働き方の不合理な処遇の差は、正当な処遇がなされていないという気持ちを「非正規」労働者に起こさせ、頑張ろうという意欲をなくす。これに対し、正規と非正規の理由なき格差を埋めていけば、自分の能力を評価されていると納得感が生じる。納得感は労働者が働くモチベーションを誘引するインセンティブとして重要であり、それによって労働生産性が向上していく。」（「働き方改革実行計画」2017年3月28日働き方改革実現会議決定）

要するに日本経済の観点からは「納得感なく不満が大きいまま働く人は士気が下がるため、生産性も落ちるだろう。そういう事態を改善する」ということのようです。

これもそのとおりなのでしょうが、私としては今回の改正をそもそも「非正規労働者」に関する考え方・捉え方自体の転換を求めるものだと理解しています。

「会社というコミュニティ」のメンバーだったのは正規労働者

4章で説明したとおり、普通の日本の会社はたいていの場合は経営者・役員等も含めて労働者によるコミユニティを形成しています。コミュニティの一員だからこそ、単に「契約に従った労働だけを提供する」のでなく、そのコミュニティ（会社）に対して尽くす。転勤が命じられれば従い、会社にとって一大事があればほぼ徹夜続きの対応をする。コミュニティだからこそメンバーを選ぶ（会社が採用する）際には広い裁量が認められており、一方でコミュニティから追い出す（解雇する）のは容易ではない。そういうことでした。

ですが、4章では明確にしていませんでしたが、重要なのは、「コミュニティの一員なのは正社員（正規労働者）に限る」ということです。これは皆さんの実感から言ってもそうでしょう。長期雇用で長く関係を築いていくのは正社員の話で、非正規労働者はそうではない。ある程度の短期間で入れ替わることが前提です。

これは経営者の観点から見ても何らおかしいことではありません。経営者は、言い方は悪いですがこう考えることが多いでしょう。「我が社にとって重要な仕事は当然、正社員に担ってもらいたい。たとえば出張旅費の精算など重要でない仕事は、なるべくコストカットして外に切り出したい」。ここで「外に」というのは外部委託だけでなく、「コミュニティの外に」すなわち「派遣労働者やパートなど、正社員以外に」ということも含みます。経営者側からすれば、非正規労働者の活用はコストカットの手段に過ぎなかったのです。これは経営者にとってごく自然な発想だと思います。

「コミュニティのメンバーは正社員だけ」というのは経営者独自の考えではなく、当の正社員たちにとってもそうでした。だからこそ労働組合のメンバーは正社員に限られるということがごく普通に見られたのです。非正規労働者はコミュニティのメンバーではない、「仲間ではない」ので、（これも言い方は良くないのですが）彼らの労働条件など正社員にとってはどうでもいいというわけです。

「コミュニティの仲間としてともにやっていくのは正社員だけ。なぜなら正社員は重要な仕事に一緒に取り組んでいくのだから」「重要でない仕事はコミュニティ外の非正規労働者が担当すればよい」というのは経営者にも労働者にも共通の考えなのです。そして「経営者としては、そこにかかるコストはできる限りカットしたいので非正規労働者の労働条件をなるべく切り下げたい。定期昇給などもってのほか」「正社員にとっても、仲間でないのだから彼らの労働条件は関心事項ではない」ということです。

この構図、何かに似ていませんか？　たとえば18世紀から19世紀のアメリカ。アメリカ独立宣言は「すべての人は生まれながらに平等」と高らかに宣言し、また後にリンカーン大統領は「人民の、人民による、人民のための政治」という有名な演説を行いましたが、この「すべての人（all Men）」や「人民（the people）」の中に白人だけでなく奴隷として酷使していた黒人も含まれるなどということは、当時はほとんど誰も夢想だにしなかったようです。アメリカ合衆国というコミュニティのメンバーは白人であり、黒人奴隷やアジア人の移民などは対象外、そこは関心の外。アメリカを例に引きましたが別にアメリカに限らず、当時のヨーロッパでもほとんど同じでした。

正規・非正規労働者の構図がこれと似ているということは、すなわち「日本においては、非正規労働者は差別されている（いた）」ということを意味するのです。

この点、橘玲氏は様々な著書やブログ等で「日本は正社員とそれ以外を分ける、前近代的な身分社会」「正規・非正規労働者というのは身分の呼称」という指摘を繰り返し行っています。正当な指摘だと思います。

「同一労働同一賃金」における「不合理な待遇差」とは？

先ほど軽く触れたとおり、働き方改革関連法により「正規労働者と非正規労働者の不合理な待遇差」が禁止されました。条文を見てみましょう。

○有期・パートタイム労働法
８条（不合理な待遇の禁止）
８条　事業主は、その雇用する短時間・有期雇用労働者の基本給、賞与その他の待遇のそれぞれについて、当該待遇に対応する通常の労働者の待遇との間において、当該短時間・有期雇用労働者及び通常の労働者の業務の内容及び当該業務に伴う責任の程度（以下「職務の内容」という。）、当該職務の内容及び配置の変更の範囲その他の事情のうち、当該待遇の性質及び当該待遇を行う目的に照らして適切と認められるものを考慮して、不合理と認められる相違を設けてはならない。

このように「（待遇について）不合理と認められる相違を設けてはならない」という規定です。何が「不合理な相違」に当たるか、どうであればこれに該当しないかについては、「同一労働同一賃金ガイドライン」に様々な例が挙げられています。個々の例は後で少しご紹介するとして、そもそも「不合理な待遇差」とはどういう意味でしょうか。

これについて、私は「合理的な説明ができないもの」と理解しています。たとえば無料の社員食堂の利用を正社員に限っている会社、また通勤手当を正社員だけに支給している会社があったとします。この時に「なぜ派遣・有期労働者・パートといった非正規は社食を利用できないのか。仮に毎日出勤していても非正規には通勤手当が支給されないのか」と聞かれた時に、会社は顧問弁護士などに相談していろいろともっともらしく見える回答をでっち上げるかもしれませんが、それらはいずれも説得力がありません。なぜなら、「正社員は大事だが、それ以外の人たちは別にどうでもいいから。コストカットの対象としてしか見ていないから」というのが本音の理由であるのは誰の目にも明らかだからです。つまり「正社員には認める。なぜなら正社員だから。非正規には認めない。なぜなら非正規だから」と言っているに過ぎないのです。これは、「ここは白人の大学です。あなたは白人ではないでしょ？　だからあなたには入学資格がないのです」という論理と何ら異なることはありません。

国として「不合理な待遇差」を禁止したということは、突き詰めれば「正社員だから、非正規労働者だから」というに過ぎない理由による格差を認めないということです。「正規と非正規の格差」は仮に経営者側の「自然な発想」に基づき生まれたものだとしても、それは「差別」にほかならず、これまで当然とされてきたそのような差別を今後は許さない、ということだというのが私の理解です。つまりどちらかというと、経済政策というより「非正規労働者の人権」の問題として理解すべきだと考えています。

これは「正規と非正規には差があって当然でしょ？」という経営側にとっても会社コミュニティの正メンバーである正社員側にとっても自然な論理にノーを突き付けるものですので、今後はもしかしたら影響が拡大するかもしれません。たとえば11章で見た「整理解雇の4要素」の中の「解雇回避努力」について、現状では正社員の解雇の前に非正規雇用の削減が求められる（裁判所が当然のようにそれを求める）ことになりますが、このような論理も変わる可能性もあるのではないかと思っています。もっとも単にコミュニティというだけでなく様々な要素が絡まって正社員に対する解雇権濫用法理や整理解雇4要素の考え方が形作られましたので、現時点では断定的なことは言いがたい状況ではありますが。

「不合理な待遇差」の例

それでは同一労働同一賃金ガイドラインに具体的にどのように書かれているかを確認しましょう。ガイドラインは非常に多岐にわたりますので、いくつかの例を見ます。

たとえば、「基本給の一部を労働者の業績又は成果に応じて支給している」場合に、正社員がある販売目標を達成した場合に行っている支給を、短時間労働者であるにもかかわらず同じ基準を適用すること（同じ販売目標を設定して、それが達成できなければ支給を行わないとすること）は「問題となる」とされています。つまり短時間労働者であれば時間が少ない分フルタイムの正社員と比べて販売目標が低くて当然であるにもかかわらず、同じ基準にするのは許さないということです。またたとえば賞与については、正社員にはその業績等にかかわらず何らかの支給をしているのに、短時間・有期労働者に対して支給しないことは同じく「問題となる」としています。これらについて、派遣労働者に関しても類似の記述があります。

これはガイドラインのごく一部ですが、詰まるところ「正社員と異なり、非正規労働者に対しては正社員でないからという理由でなるべく支払いを抑えたい」という本音に基づく行動を許さない、「正社員だから、非正規だから」というだけの理由でないきちんと合理的な説明ができる格差のみ認めるという趣旨だと理解できるでしょう。

2つの最高裁判決

説明してきた「不合理な待遇差」について、2つの比較的新しい最高裁判決（いずれも2020年10月）が出されています。まずはこちらです。ある大学の契約社員の待遇について争われた事案です。

「〔正職員と契約社員の〕両者の業務の内容は共通する部分はあるものの、第1審原告〔引用者註：訴えた契約社員〕の業務は、その具体的な内容や、第1審原告が欠勤した後の人員の配置に関する事情からすると、相当に軽易であることがうかがわれるのに対し、教室事務員である正職員は、これに加えて、学内の英文学術誌の編集事務等、病理解剖に関する遺族等への対応や部門間の連携を要する業務又は毒劇物等の試薬の管理業務等にも従事する必要があったのであり、両者の職務の内容に一定の相違があったことは否定できない。また、教室事務員である正職員については、正職員就業規則上人事異動を命ぜられる可能性があったのに対し、アルバイト職員については、原則として業務命令によって配置転換されることはなく、人事異動は例外的かつ個別的な事情により行われていたものであり、両者の職務の内容及び配置の変更の範囲（以下「変更の範囲」という。）に一定の相違があったことも否定できない。……〔これらのことを踏まえれば、様々な事情を考慮に入れても、〕教室事務員である正職員と第1審原告との間に賞与に係る労働条件の相違があることは、不合理であるとまで評価することができるものとはいえない。」（最高裁第三小法廷判決令和2年10月13日）

正職員と契約社員との間で職務内容や配置転換の範囲に差があり、両者の間の労働条件の違いも不合理とはいえないとしました。

その2日後の判決は、日本郵便株式会社の事例です。年賀状の配達のため、多くの労働者が休みとなっている年末年始が最繁忙期であるということを前提に、読み進めていただきたいと思います。

「第1審被告〔引用者註：訴えられた日本郵便株式会社〕における年末年始勤務手当は、郵便の業務を担当する正社員の給与を構成する特殊勤務手当の一つであり、12月29日から翌年1月3日までの間において実際に勤務したときに支給されるものであることからすると、同業務についての最繁忙期であり、多くの労働者が休日として過ごしている上記の期間において、同業務に従事したことに対し、その勤務の特殊性から基本給に加えて支給される対価としての性質を有するものであるといえる。また、年末年始勤務手当は、正社員が従事した業務の内容やその難度等に関わらず、所定の期間において実際に勤務したこと自体を支給要件とするものであり、その支給金額も、実際に勤務した時期と時間に応じて一律である。

上記のような年末年始勤務手当の性質や支給要件及び支給金額に照らせば、これを支給することとした趣旨は、本件契約社員にも妥当するものである。そうすると、前記……のとおり、郵便の業務を担当する正社員と本件契約社員との間に労働契約法20条所定の職務の内容や当該職務の内容及び配置の変更の範囲その他の事情につき相応の相違があること等を考慮しても、両者の間に年末年始勤務手当に係る労働条件の相違があることは、不合理であると評価することができるものといえる。」（最高裁第一小法廷判決令和2年10月15日）

こちらの判決においては、正社員と契約社員との間に人事評価のされ方ほかの違いはあるが、両者で年末年始勤務手当に関する労働条件に違いがあることは不合理であるとされました。

正社員（正職員）と有期労働者（いずれの判決でも「契約社員」）の間の待遇の格差について、前者の判決では「不合理とはいえない」と、後者の判決では「不合理」であるとされました。結果として、前者の判決では、有期労働者についてその待遇が合法であったとして変更の必要はないことになり、後者の判決では、待遇差が違法だったので、会社側は正社員と同様に年末年始勤務手当を支払わなくてはなりません。

なぜ判決の結論が異なるのでしょうか？　実はこれらは「正反対の結論」なのではなく、統一的に理解することが可能であり、その統一的な理解に基づけば、たまたま一方は格差が不合理、もう一方は格差が不合理でないという判断になったのです。

前者の判決で争点となっているのは主として賞与、一般的な言い方ではボーナスです。賞与（ボーナス）をどう定めるか、つまり「給料○か月分」として毎月の給料に完全に連動させるのか、成果が上がった労働者ほど高く設定するのか、あるいは完全に成果に連動させるのか、またたとえば会社への貢献が特別高かった労働者にだけ支給するのかといったことは、「誰を高く評価する・誰のやる気を引き上げたいというメッセージを伝える」という、各企業が「人事戦略」として考えることです。誰にいくら賞与を支払うか、それをどのように決定するかに関しては企業（使用者）側が広い裁量を持っているのが普通であり、裏を返せば「裁判所が差別は許さないという観点から口を出す」余地が小さいということにほかなりません。

一方、後者の判決での争点は「年末年始勤務手当」であり、こういった手当は通常「一定の要件（この場合では年末年始に勤務したこと）に基づき」支払われるものです。これは「会社として誰を高く評価したい」という戦略とは別の次元の話です。「年末年始に勤務したという要件は満たすけれども、正社員だけに払いたい」という差別を認めないというのが、有期・パートタイム労働法8条の趣旨です。最高裁は「当該待遇の性質及び当該待遇を行う目的に照らして」丁寧な判断を行っているといえます。「不合理な待遇格差の禁止」はこのように判断されるのです。

雇止めと、有期労働契約の無期転換

有期労働者に関してもう1点だけ説明します。有期労働契約における雇止め法理と無期転換についてです。これらは順に労働契約法19条と18条に規定があるのですが、いずれの規定もかなり長くてわかりにくいので、ここでは条文を引かずにエッセンスを手短に解説します。

有期労働者はその名の通り「有期の」(=「6か月」「1年」といった期間の定めのある)労働契約を締結していますが、それを反復更新することについて法令上の制限はありません。たとえば1年の期間を定めた契約を締結して7回更新すれば8年間働く(使用者からすれば「働いてもらえる」)ことになります。実際この例のように何度も更新されるどころか、期間が終わっても特段の更新手続きも行わずに当然のように引き続き働いていた(働いてもらっていた)例も多かったのです。これでは期間の定めのない労働契約とほとんど変わりませんが、しかし景気が悪くなって人員削減が必要になった場合には、思い出したようにその有期労働契約が更新されず、労働契約が終了すること(これが雇止めです)がしばしば発生しました。

労働契約法19条では、「当該『期間の定めのある労働契約』がほとんど期間の定めのない労働契約と同様になっているため、それを更新しないことが正社員の解雇と同視できるとき」、また「契約が更新されるものと労働者が期待することが合理的であるとき」に、労働者が契約更新の申し出を行えば使用者が拒否して雇止めを行うことはできないという旨を規定しています。

また、途中に6か月以上の空白期間(労働契約を締結していない期間)がなく、期間の定めのある労働契約を更新してある使用者と労働者との契約期間が5年を超えた場合には、労働者が申し込めば契約を「期間の定めのない労働契約」に転換できます（労働契約法18条）。労働条件は元の契約と同様（つまり期間の定めがないという点だけが異なる）であるため、「その会社の他の正社員と同じ待遇になる」とは必ずしも言えませんが、たとえば解雇の際にはこれまでに見てきたような解雇権濫用法理や整理解雇の4要素等のルールに規律されることになります。

派遣労働者と派遣元・派遣先企業との関係

次に派遣労働者について見てみましょう。派遣労働者は、派遣会社に雇用され、そこから別の企業に派遣されてその派遣先企業で仕事を行う労働者です。労働者派遣が行われる流れとしては、派遣労働者を受け入れたいと考える企業（派遣先）が、派遣会社（派遣元）と派遣契約を締結し、契約に基づいて労働者の派遣を行うことになります。これらの関係を図示すると次の頁の図のとおりです。この図は厚生労働省のパンフレット「派遣で働くときに特に知っておきたいこと」をもとにしています。

「派遣労働者の雇用主は派遣元（いわゆる派遣会社）事業主」という点が最重要ポイントです。したがって給料も派遣元から払われますし、安全配慮義務などの労働法に関する責任は一義的には派遣元が負います。

ですが派遣労働者はその名の通り「派遣」されて他の会社で仕事に従事し、その際に指揮命令はその会社（「派遣先」）から受けます。就労場所も通常は派遣先の社内です。派遣元がその労働者の安全をいかに守ろうとしても、たとえば労働者を派遣する際に締結する派遣契約によって派遣先の措置を厳密に定めていたとしても、派遣先がそれを無視しては元も子もありません。よって、たとえば派遣労働者を含めて安全衛生体制

正社員・契約社員・アルバイトの場合
（直接雇用の場合）

雇用主はA社

A社

賃金の支払い
仕事上の指揮命令

労働契約

勤務

労働者

派遣の場合

出所：厚生労働省パンフレット「派遣で働くときに特に知っておきたいこと」

を確立することが派遣先の義務とされるなど、派遣先も一定の義務を負っています。厚生労働省は次のように説明しています。

「派遣労働者にも当然に労働基準法、労働安全衛生法等の労働関係法令が適用され、原則として、派遣労働者と労働契約を交わしている派遣元（派遣会社）がその責任を負います。同時に、派遣労働者を指揮命令して業務を行わせるのは派遣先であるため、派遣労働者の保護の実効を期する上から一部の規定については派遣先に責任を負わせることとするなど、派遣元と派遣先との間で適切に責任を区分しているところです。」（厚生労働省パンフレット「派遣労働者の労働条件・安全衛生の確保のために」）

派遣労働者の業務内容

派遣労働者の業務内容は、あらかじめ派遣契約によって定められたものに限られます。

○労働者派遣法
（契約の内容等）
26条　労働者派遣契約（当事者の一方が相手方に対し労働者派遣をすることを約する契約をいう。以下同じ。）の当事者は、厚生労働省令で定めるところにより、当該労働者派遣契約の締結に際し、次に掲げる事項を定めるとともに、その内容の差異に応じて派遣労働者の人数を定めなければならない。
一　派遣労働者が従事する業務の内容
〔二号以下　略〕

厚生労働省は「労働者派遣事業関係業務取扱要領」において、「業務の内容は、その業務に必要とされる能力、行う業務等が具体的に記述され」なくてはならず、「できる限り詳細であることが適当である」と解説しています。つまり、「……の業務、その他○○課長から指示された一切の業務」といった業務内容は不適当だということです。この具体的かつ詳細に記述された業務内容に限られますので、「ごめん、ちょっと今の仕事を中断して、あちらの課のヘルプに回って」といったことを派遣労働者にお願いすることはできません。

⚖ 均等待遇・均衡待遇

派遣労働者に対しても、これまで確認してきたような有期・パート労働者に関する規定と同様の規定があります（条文は省略しますが、労働者派遣法30条の3）。基本的に、派遣先の「同種の労働者」と比較して不合理な差を設けない、ということです。このため、「職務の内容」等が同じ労働者（法令上は「比較対象労働者」）の待遇に関する情報を、派遣先は派遣元に提供しなければならないとされています（労働者派遣法26条7項・

8項)。

最後の章は労働組合についてです。先ほど少し触れましたが、労働組合は「正社員クラブ」(=正社員の利益にしか関心がないため、非正規労働者の役に立たない)と揶揄されることがあります。その現状も含めて見ていきましょう。

ネット情報をうのみにしないで！
——その2・育児の楽しさ

ネットの情報からは、次のことはもはや異論の余地がなく明らかに見えます。

「現在の日本で、子どもを持つのは苦労しかない完全な罰ゲーム。むしろ結婚自体、超リスキーだから避けるべき。」

ですが私が皆さんにお伝えしたいのは、「子育ては、私がこれまでの人生で経験したすべてのことの中で、最も楽しい」ということです。子どもの成長を見るのがこれほど楽しいとは思いませんでした。

もちろん苦労もあります。自分の時間はほとんどなくなり、睡眠時間も激減します。また子どもの状況にもよるでしょう。私の子どもは相当健康なので、運がよかったのはそのとおりです（一方で平均的な子どもに比べれば睡眠時間がはるかに短く、この点は平均より大変だということも言わせてほしいですが…）。

私は「子育てが辛いというのは甘えだ」あるいは「辛いなどと言っていないで、子育てを楽しもうよ」と言っているわけではありません。私が言いたいのは単に「苦労もあるけど、私は楽しかったよ」と、そして「（ネットでの発信が比較的少ないだけで）子育てが楽しいという人も実際は結構いると思うよ」ということです。

子連れで公共交通機関を利用したら周りの乗客に怒鳴られたという記事もウソだということもないでしょうが、一方で私は子どもと何度も電車やバスに乗りましたがそのような経験は一度もないですし、逆に周りの方が構ってくれたことは何度もあります。理由は簡単で、世の中、嫌な奴よりもいい人の方が多いからです（ただ、弱そうな女性だけをターゲットに攻撃する人がいることも事実でしょうから、男性である私がそういう経験がないだけという可能性もありますが）。

こういったことはネットの記事を読んでいるだけではわからないし、ネット情報だけでは印象が偏ってしまいます。是非、周りの方と現実にコミュニケーションを取っていただきたいと思います。もちろん「私は子どもは欲しくない」というのは尊重されるべき価値判断です。ただ、若い方はご自身の将来設計に当たり、ネット上の情報を基に「子どもなんか持たない方がいいんだ」と結論づける必要はないということを言いたいです。人によりますしまた偶然の要素も絡みますが、子どもを持ったら持ったでなんとかなる場合も、さらにはこのうえない喜びが味わえるということも多いということをお伝えできれば幸いです。私はこのうえない喜びを現に味わっています。

ここで述べたことは、受講生の皆さんから「あれが印象に残っている」という感想を多くいただいた部分です。

第13章

労働組合はオワコンなのか？

「たとえば、仮に鈴木さんのとこの従業員がストライキをしたらどうします？」

「ムチで叩く。」

「…違法というか、もはや労働法違反ですらなくて普通に刑法犯、傷害罪ですよね。ムチはそのために職場に持ってってるんですか？　危ないからやめてください。」

「いや、冗談だよ。こん棒と鎖がまとムチを持ち歩いてるのは休日だけだし。平日は重いから。」

「休日だって重いでしょ！　いや、重いのが問題ではなく、もはやどこから突っ込んでいいかわからないです。」

「こん棒は置いておいて、まあ『現実に社内でストライキが起きるかも』とはあんまり心配してないよ。でも、ある日突然、何かの労働組合から『団体交渉を申し入れる』って来る可能性は常に念頭に置いてる。会社に労働組合があるわけじゃないけどね。」

「？？　社内に労働組合がなくて、なぜ鈴木さんが労働組合との団体交渉を心配しているのかわかりません。」

「それをこれから見ていこう。仮に労働組合の百戦錬磨のおじさん・お兄さんたちが来たら、私の会社の経営陣は私も含めて女性ばかりだから、交渉するのがちょっと怖いんだよね。」

「…まあうすうすそうじゃないかと思ってましたが、やはり鈴木さんって女性だったんですね。」

「何その発言。どうしたの？　最初から会ってるわけだし、そもそもお互い大学1年の時からの長い付き合いでしょう。もう6年になる。」

「え？　ちょっと待ってください。僕たち同級生ってことですか？　僕はずっと鈴木さんに敬語を使ってますし、第1章では鈴木先輩と言ってますし、そもそも鈴木さん自身も『この先輩を頼ってくれたまえ』とか言ってましたよね？」

「山本君は当時から誰に対しても敬語。あの頃と変わらないね。1年生で星田ゼミに入ったのは当時私たち2人だけだったよね。私は大学卒業して即起業したから社会人として『先輩』という発言に私も乗ったんだよ。」

「…。じゃあ大学1年から6年経ってるのに何で僕は今年になって就活がうまくいったんですか？」

「1年留年してから修士課程に進んだからでしょ？　私に聞かなくても知ってるでしょう、自分のことなんだから。何なのこの一連の質問は。」

「…そんな、著者のさじかげん一つの設定で読者をひっかける、なんてアリなんですか？」

「そうですよ鈴木さん、山本君の言うとおりです。そんな設定、変ですよ。つまり『弘法も筆の誤り』ということですね。」

「え？？　…ごめん、あなた誰？」

労働者の団結権等

ここまでにも、3章の「使用者と労働組合とが締結した労働協約」といった部分で何度か登場しましたが、この章で労働組合の全体像を解説します。

まず、労働組合を組織し、また組合として交渉し、またストライキなどの行動を行うといった労働者の権利（順に団結権、団体交渉権、団体行動権（争議権）と呼ばれています）は、憲法で保障された重要な権利です。

○日本国憲法
28条 勤労者の団結する権利及び団体交渉その他の団体行動をする権利は、これを保障する。

この憲法28条を受け、労働組合法や労働関係調整法が制定されています。

労働組合とは

初めに労働組合法により「労働組合」の定義を確認しておきましょう。

○労働組合法
（労働組合）
2条 この法律で「労働組合」とは、労働者が主体となって自主的に労働条件の維持改善その他経済的地位の向上を図ることを主たる目的として組織する団体又はその連合団体をいう。但し、左の各号の一に該当するものは、この限りでない。

一　役員、雇入解雇昇進又は異動に関して直接の権限を持つ監督的地位にある労働者、使用者の労働関係についての計画と方針とに関する機密の事項に接し、そのためにその職務上の義務と責任とが当該労働組合の組合員としての誠意と責任とに直接にてい触する監督的地位にある労働者その他使用者の利益を代表する者の参加を許すもの

二　団体の運営のための経費の支出につき使用者の経理上の援助を受けるもの。但し、労働者が労働時間中に時間又は賃金を失うことなく使用者と協議し、又は交渉することを使用者が許すことを妨げるものではなく、且つ、厚生資金又は経済上の不幸若しくは災厄を防止し、若しくは救済するための支出に実際に用いられる福利その他の基金に対する使用者の寄附及び最小限の広さの事務所の供与を除くものとする。

三　共済事業その他福利事業のみを目的とするもの

四　主として政治運動又は社会運動を目的とするもの

つまり「労働者が自主的に」「労働条件の維持改善等を目的として」設立した組織である必要があり、一方で1号から4号にいう「監督的地位にある者等の使用者側の者の参画を許すもの」「使用者から経費の援助を受けるもの」「共済事業目的であるもの」「政治目的であるもの」は労働組合ではないとされています。

また、5条には次の条文があります。

○労働組合法
（労働組合として設立されたものの取扱）
5条①　労働組合は、労働委員会に証拠を提出して第2条及び第2項の規定に適合することを立証しなければ、この法律に規定する手続に参与する資格を有せず、且つ、この法律に規定する救済を与えられない。但し、第7条第1号の規定に基く個々の労働者に対する保護を否定する趣旨に解釈されるべきではない。

②　労働組合の規約には、左の各号に掲げる規定を含まなければならない。

三　連合団体である労働組合以外の労働組合（以下「単位労働組合」という。）の組合員は、その労働組合のすべ

ての問題に参与する権利及び均等の取扱を受ける権利を有すること。

四　何人も、いかなる場合においても、人種、宗教、性別、門地又は身分によって組合員たる資格を奪われないこと。

五　単位労働組合にあっては、その役員は、組合員の直接無記名投票により選挙されること、及び連合団体である労働組合又は全国的規模をもつ労働組合にあっては、その役員は、単位労働組合の組合員又はその組合員の直接無記名投票により選挙された代議員の直接無記名投票により選挙されること。

六　総会は、少くとも毎年1回開催すること。

八　同盟罷業は、組合員又は組合員の直接無記名投票により選挙された代議員の直接無記名投票の過半数による決定を経なければ開始しないこと。

九　単位労働組合にあっては、その規約は、組合員の直接無記名投票による過半数の支持を得なければ改正しないこと、及び連合団体である労働組合又は全国的規模をもつ労働組合にあっては、その規約は、単位労働組合の組合員又はその組合員の直接無記名投票により選挙された代議員の直接無記名投票による過半数の支持を得なければ改正しないこと。

〔他の号は名称、所在地、会計報告等　略〕

2条を満たした労働組合が5条2項の条件も満たして初めて、「法適合組合」として労働組合法の「不当労働行為に対する労働委員会による救済」を受ける権利等が享受できます。なお不当労働行為については後ほど解説します。

労働組合の現状

次にわが国の労働組合の現状について確認しておきましょう。まず全労働者に対する労働組合員数の割合である「組織率」の推移はグラフ1（次の頁。以下同じ）のようになっています。組織率がどんどん下がってきているのは有名な話で、皆さんもご存知だったかもしれません。一方でグラフにありますように、パートタイム労働者の組織率は上がってきています。前章の末尾で触れた「正社員クラブという批判」を意識して、労働組合の側もパートタイム労働者を含め非正規労働者を取り込もうと努力を続けているのです。

その下のグラフ2は「労働争議参加人員数の推移」を表しています。この1985年以降は地べたを這っていてもはや読めないので、そこの部分を拡大し、件数を加えてみました。グラフ3です。

「半日以上の同盟罷業及び作業所閉鎖」（半日以上のストライキと考えていただいて結構です）は、1970年代には年に5000件を記録していたのが、2021年には「32件」になっています。

つまり、労働組合に加入する労働者の割合は非常に低いですし、その組織率の低い労働組合がストライキに打って出るということもほとんど起きなくなっているのです。どう見ても「現在の労働組合は昔と同じ役割を果たしているわけではない」というのは間違いなさそうです。

この1つの理由は、日本では企業別組合つまり「各企業ごとに労働組合が組織されているのが通常」であり、企業と組合との利益は基本的に一致するので激しい労働争議を行っても意味がないということが知れ渡ったからでしょう（これについては濱口桂一郎『ジョブ型雇用社会とは何か』に詳しいです）。

現在の労働組合の役割

それでは「労働組合はその歴史的使命を終えたオワコン」「今や不要になった」ということでしょうか？

グラフ1

推定組織率の推移

出所：厚生労働省「労働組合基礎調査」

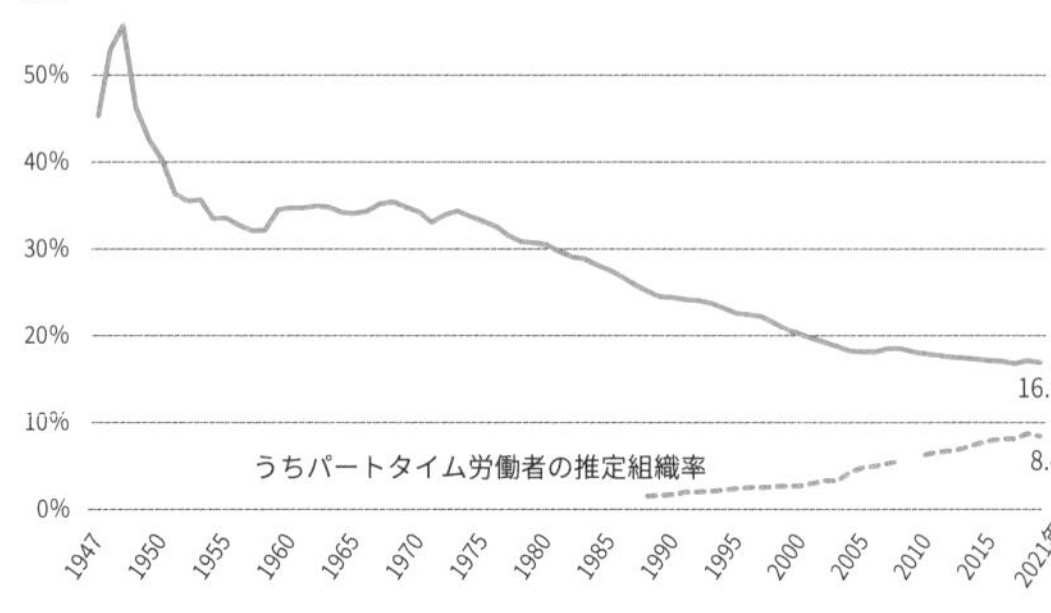

グラフ2

労働争議参加人員数の推移

出所：厚生労働省「労働争議統計」

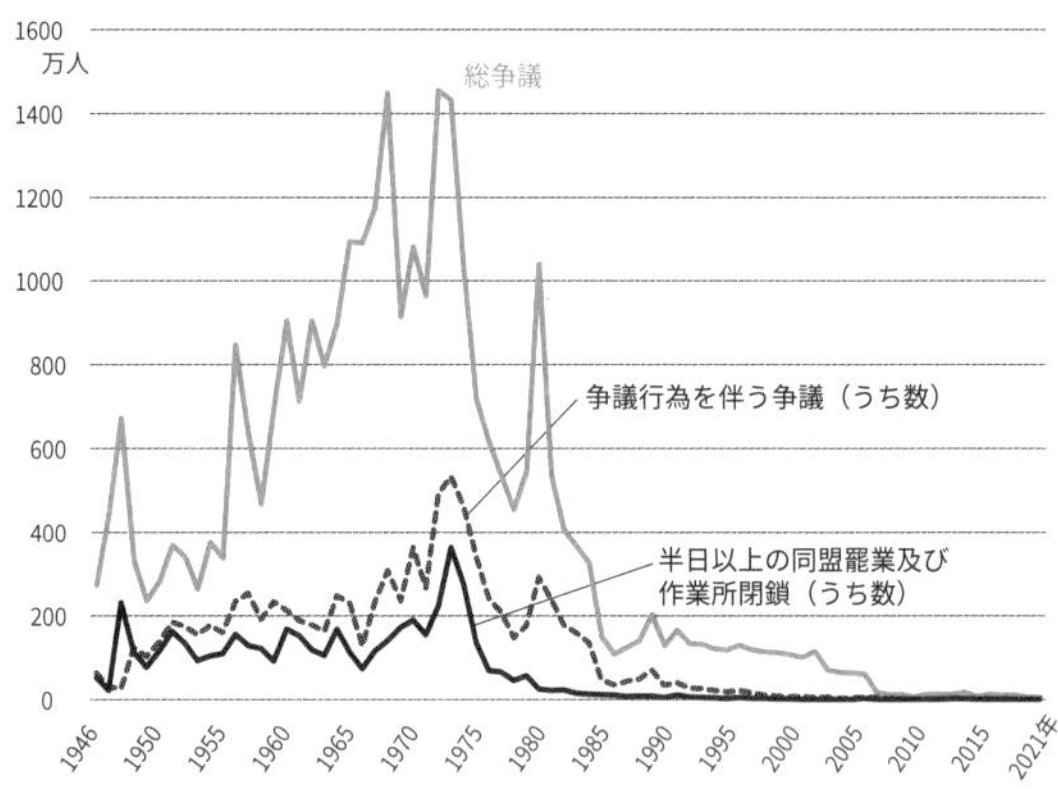

グラフ3

半日以上の同盟罷業及び作業所閉鎖

出所：労働政策研究・研修機構HP「労働争議」（2020年・2021年は、厚生労働省「労働争議統計」）

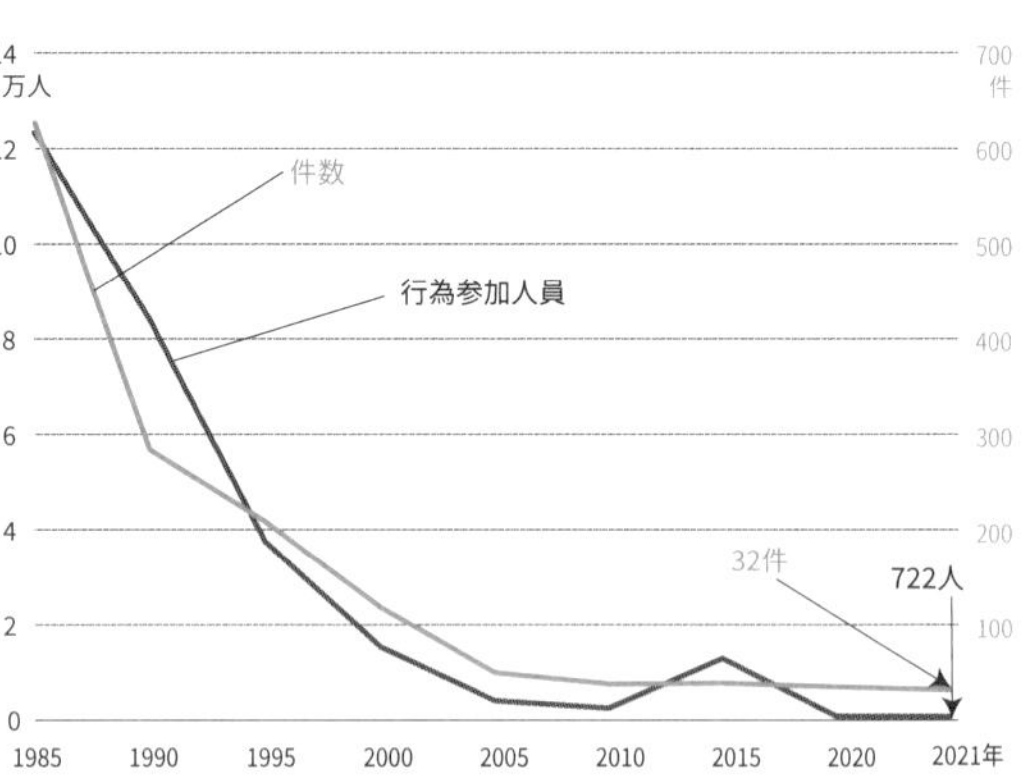

そんなことはありません。そうではなく、役割が変わってきたのだとみるべきでしょう。

労働組合は主に大企業で組織されていますが、近年では労働組合全体の組織率が低下傾向にあり、見たとおり大規模な労使紛争はほとんど起こらなくなりました。その一方で、企業内労働組合のない中小企業の社員が、解雇や賃金の不利益変更などに不満を持ち、合同労働組合（合同労組）に加入して団体交渉を要求してくるケースが目立つようになりました（向井蘭『労働法のしくみと仕事がわかる本』）。組合員（ひいては社員）全体の労働条件を改善するために団結して使用者と闘おうというより、解雇や賃金引下げ、あるいはパワハラなどに困った労働者個人のために、集団の力を背景に使用者と交渉するという役割が大きくなってきているわけです。労働者個人にとって、問題が起きた際の駆け込み寺のような位置づけになっているのです。

労働者の側から見れば、使用者に違法な長時間労働を強制されたりハラスメントを受けたりしていた時に、労働基準監督署や都道府県労働局などの国の機関に通報等を行うことも可能ですが、労働組合に助けを求めることもできるということです。特に監督署は基本的に労働基準法や労働安全衛生法違反でなければ対応できません。労働組合は「違法ではないが不当」あるいは「もう少し何とかならないか」といった話でも交渉が可能です。

しかし労働組合は「組合員のために」団体交渉を行うことになります。現状の低い組織率を考えれば大いにあり得るように、労働者の多数派と同じくあなたも組合員でなかった場合は…？　その時は「労働組合に加入して」から直ちに助けを求めればよいのです。単なる使用者の代弁機関でないまともな労働組合が社内にある場合はその労働組合で構いませんが、ない場合は、1つの産業や1つの地域といった大きな枠で組織された合同労働組合（合同労組）に加入することになります。

ですが使用者側から見て、なぜ自社内で設立された労働組合でない、合同労組の団体交渉に応じなければならないのか？　労働組合法の条文を見てみましょう。本章冒頭の「2条」の条文も併せてご覧ください。

○労働組合法
7条（不当労働行為）　使用者は、次の各号に掲げる行為をしてはならない。

一　労働者が労働組合の組合員であること、労働組合に加入し、若しくはこれを結成しようとしたこと若しくは労働組合の正当な行為をしたことの故をもって、その労働者を解雇し、その他これに対して不利益な取扱いをすること又は労働者が労働組合に加入せず、若しくは労働組合から脱退することを雇用条件とすること。ただし、労働組合が特定の工場事業場に雇用される労働者の過半数を代表する場合において、その労働者がその労働組合の組合員であることを雇用条件とする労働協約を締結することを妨げるものではない。

二　使用者が雇用する労働者の代表者と団体交渉をすることを正当な理由がなくて拒むこと。

〔三号　支配介入の禁止　略〕〔四号　労働委員会への申し立て等への報復禁止　略〕

これを見ると、労働組合法の労働組合とは「労働者が主体となって」設立した組織であり、そこに「自社の」「社内で」といった要件はありません。労働者が合同労組に加入すれば、その合同労組の代表者や交渉担当者は「雇用する労働者の代表者」（労働組合法7条2号）に該当するので、使用者は団体交渉を拒むことができなくなるわけです。ちなみに団体交渉を拒む等のこの労働組合法7条違反の行為が、先ほど「後で解説する」と述べた不当労働行為です。

使用者としては「うるさいな、ただ交渉の場に座ればいいんでしょ。別にそれくらい構わないよ」というわけにはいきません。次の裁判例が示すとおり使用者には「誠実交渉義務」があると考えられています。

「使用者は、自己の主張を相手方が理解し、納得することを目指して、誠意をもって団体交渉に当たらなければならず、……自己の主張の根拠を具体的に説明したり、必要な資料を提示するなど……の努力をすべき義務がある。……〔もっとも〕使用者の団交応諾義務は、労働組合の要求に……応じたり譲歩したりする義務まで含……〔まないが、労働組合の〕要求に応じられないのであれば、その理由を十分説明し納得が得られるよう努力すべきであ……〔る。〕」
（東京地裁判決平成元年9月22日）

たとえば使用者側が賃金の切り下げを提案したのであれば、「労働者が納得しない場合は撤回しなければならない」ということはないけれども、なぜ賃金の切り下げが必要なのか、会社はどういう状況にあるのか、労働者（労働組合）側が理解できるようにきちんと説明しなければならない、ということです。この点でも「交渉のテーブルにつきました」という形式ではなく、説明・交渉内容といった実態に基づいて判断が行われるのです。

ストライキという最終手段が用いられることは非常に稀になったとはいえ、使用者に誠実交渉義務が課せられていることを踏まえた団体交渉は労働者側にとって引き続き有用です。このように労働組合が果たすべき役割は残っているのです。

この誠実交渉義務に関連して最高裁が出した比較的新しい判決があります（最高裁第一小法廷判決令和4年3月18日）。これは団体交渉の対象でありかつ誠実な交渉が行われなかったと組合側が主張する「昇給の抑制等の制度の導入」が行われてからかなり時間が経ったために、現時点で交渉を行っても今さら制度を撤回する等の対応があり得なくなってしまったという事案で、使用者側の誠実交渉義務をどう考えるかという判断が行われています。判決において最高裁は、使用者が誠実に交渉を行わなければならないのはそれによって労働組合側の主張を通すためなのではなく、きちんと資料を提示して説明を尽くす等、誠実に交渉することそれ自体に意味があるとしています。仮に誠実に交渉が行われていなければ、かなり時間がたった後であっても使用者に説明義務を尽くさせることは無駄なことではない、ということです。

労働協約の一般的拘束力について

労働組合と使用者とが締結する書面合意である「労働協約」については3章で見ましたね。復習しておくと、労働協約の内容に反する労働条件を定める労働契約と就業規則は（仮に労働者にとって有利な労働条件を定めていても）無効になる、ということでした。

ここでは、組合員以外にも労働協約の効力が及ぶ拘束力（「一般的拘束力」といわれます）について見ましょう。

○労働組合法
（一般的拘束力）
17条　一の工場事業場に常時使用される同種の労働者の4分の3以上の数の労働者が一の労働協約の適用を受けるに至ったときは、当該工場事業場に使用される他の同種の労働者に関しても、当該労働協約が適用されるものとする。

この条文について、「全労働者の4分の3以上の労働者が加入する多数組合」が使用者と締結した労働協約が、他の少数組合の組合員をも規律するかどうか、仮に規律するとしてどこまで適用になるかは、最高裁判決が出ておらず実ははっきりしません。一方で、未組織つまり労働組合に加入していない労働者に対しては、多数組合の労働協約が基本的に（著しく不合理でない限り）適用があることになります。この点、最高裁は、「多数組合の労働協約により労働条件を統一するメリットがある」という労働組合法17条の趣旨を確認したうえで、「あまりに未組織労働者にとって不利益である等、著しく不合理である場合は一般的拘束力は及ばない。（そしてこの事件では著しく不合理である場合に該当する）」という判断を行っています（最高裁第三小法廷判決平成8年3月26日）。

本書のまとめ

○労働法は、労働者より使用者の方が立場が強いという力関係の不均衡を是正するため、市場原理を修正し、労働者に権利を付与して使用者に義務を課すのが基本である！

○日本の労働法は、判例法理も含め、メンバーシップ型雇用といった日本における雇用システムの特徴を踏まえたものとなっており、また時代の変化を受けて変わってきている！

○労働法により、賃金や労働時間をはじめとして、労働者が人間らしい生活が送れるような労働条件が保障されている！

○労働法により設定された最低基準を使用者の都合あるいは労使の合意によって破ることはできない！　またいかに労働法の知識を駆使しようとも使用者が労働法上の義務から逃れられないよう、「実態に基づく判断」が行われる！　労働法違反の状態は労働基準監督署の監督指導や裁判等により最終的には是正される！

○労働法とは国会において労使の利益の比較考量を行った結果として成立しているものであるため、労働者が権利行使をためらう必要はない！

「誰って、ゼミでお2人の1つ後輩の加藤ですよ。久しぶりにお会いできて楽しく会話できてよかったです。『朋あり遠方より来る、また楽しからずや』とはこのことだと思ってました。」

「あの、ちょっと待って。加藤君いつからいたの？」

「もちろん最初からです。この場にずっといたの知ってるでしょう？　まあ確かに鈴木さんも山本君もほとんどお2人だけで会話してましたよね、僕の存在をほぼ無視して。いちおう僕が発言したら鈴木さんから最低限の反応はありましたけど。ひどいなーと思ってました。」

「…。いや、ちょっと待ってよ。だってこの会話の部分には字体が2種類しかなくて、それで『実は3人でした』って、そんなのあり？　こんなルール違反、山本君が『普段から敬語でしゃべる設定』どころの話じゃないよね？」

「え、何言ってるんですか？　字体はちゃんと3種類あって、僕と山本君の発言の字体は変えてあります。だからまったくルール違反じゃありませんよ。むしろ最初から誰の目にも明らかです。」

「…（絶句）。マジなの、それ…。」

「では加藤より問題です。ここまでで僕の発言はどれでしょうか？　各章に1つずつ含まれています。」

「えっと、それは…。」

「誰に言ってるの？」

答え　この頁を除くすべての章の、最後から2つ目の、ことわざや名言？を引用しているせりふ。
ちなみに山本君の発言の字体はA丸ゴチ、加藤君の発言の字体はB丸ゴチです。似てますけどね。

おわりに

本書は私の初めての書籍です。

「はじめに」でも書いたとおり私は厚生労働省の現役の役人ですが、厚生労働省の主張を代弁したかった（代弁した）わけではありません。もっとも本書の大部分は判例をベースに法制度を解説したに過ぎないので、「代弁」も何もないでしょうが、本書のなかに出てくるコラムはもちろんのこと、それほど多くない「意見」や「主張」、また「こう理解している」といった部分は、お読みになるとわかるとおりすべて私の個人的見解です。読者の皆さんが本書を楽しんでいただけたのであれば、これほど嬉しいことはありません。

慶應義塾大学出版会の編集担当の岡田智武氏に感謝します。岡田さんの助けがなければ本書が日の目を見ることはありませんでした。完全に「岡田さんに拾っていただいた」と思っています。一方で、本書に含まれるすべての誤りが私一人の責任であることは言うまでもありません。

最後に、私の人生また私の心の支え、妻の美和と、私の人生を明るく照らしてくれる長女すみれに心からの感謝を捧げます。

著　者

▶主要参考文献一覧

赤松良子「私の履歴書」日本経済新聞 2021 年 12 月 1 日朝刊

海老原嗣生「なぜ長時間残業が発生するのか　帰宅を阻む日本の「二神教」社会」日経ビジネスオンライン（2021 年 4 月 9 日）（https://business.nikkei.com/atcl/gen/19/00271/032400008/）（最終アクセス：2023 年 9 月 1 日。以下の文献も同じ）

海老原嗣生氏に対するインタビュー記事「日本型の「新卒一括採用」は、本当に悪なのか？―データでひも解く“欧米型”と“日本型”、本当のはなし（前編・後編）」HR AGE 2020 年 3 月 5 日；3 月 12 日（https://hr-age.humanage.co.jp/interview/913/; https://hr-age.humanage.co.jp/interview/995/）

小木曽健『ネットで勝つ情報リテラシー―あの人はなぜ騙されないのか』（ちくま新書）（筑摩書房・2019 年）

厚生労働省「労働契約法のあらまし」（https://www.mhlw.go.jp/seisakunitsuite/bunya/koyou_roudou/roudoukijun/keiyaku/kaisei/dl/leaf.pdf）

厚生労働省パンフレット「派遣で働くときに特に知っておきたいこと」（https://www.mhlw.go.jp/file/06-Seisakujouhou-11600000-Shokugyouanteikyoku/0000102917.pdf）

厚生労働省パンフレット「派遣労働者の労働条件・安全衛生の確保のために」（https://www.mhlw.go.jp/stf/seisakunitsuite/bunya/koyou_roudou/roudoukijun/gyosyu/topics/tp090401-1.html）

厚生労働省職業安定局「労働者派遣事業関係業務取扱要領」（令和 5 年 4 月）（https://www.mhlw.go.jp/content/11650000/001081199.pdf）

厚生労働省・都道府県労働局・労働基準監督署「労災保険給付の概要」（https://www.mhlw.go.jp/new-info/kobetu/roudou/gyousei/rousai/dl/040325-12.pdf）

厚生労働省労働基準局監督課「モデル就業規則」（令和 5 年 7 月版）（https://www.mhlw.go.jp/content/001018385.pdf）

島崎謙治『日本の医療―制度と政策［増補改訂版］』（東京大学出版会・2020 年）

白河桃子『ハラスメントの境界線―セクハラ・パワハラに戸惑う男たち』（中公新書ラクレ）（中央公論新社・2019 年）

「働き方改革実行計画」（2017 年 3 月 28 日働き方改革実現会議決定）

パナソニック株式会社「弊社で発生した労務問題に関する再発防止の取り組みについて」（2021 年 12 月 7 日）（https://holdings.panasonic/jp/corporate/20211207.pdf）

濱口桂一郎『ジョブ型雇用社会とは何か―正社員体制の矛盾と転機』（岩波新書）（岩波書店・2021 年）

濱口桂一郎『日本の雇用と労働法』（日経文庫）（日本経済新聞出版・2011 年）

浜村彰・唐津博・青野覚・奥田香子『ベーシック労働法［第 9 版］』（有斐閣アルマ）（有斐閣・2023 年）

向井蘭『人事・労務担当者のための最新版 労働法のしくみと仕事がわかる本』（日本実業出版社・2019 年）

労務行政研究所編『実務コンメンタール労働基準法・労働契約法［第 2 版］』（労務行政・2020 年）

Susan Fowler, *Reflecting On One Very, Very Strange Year At Uber*, February 19, 2017 (https://www.susanjfowler.com/blog/2017/2/19/reflecting-on-one-very-strange-year-at-uber)

労働基準法施行規則（昭和 22 年厚生省令第 23 号）

【告示・通達】

事業主が職場における性的な言動に起因する問題に関して雇用管理上講ずべき措置等についての指針（平成 18 年厚生労働省告示第 615 号）→「セクハラに関する厚生労働省の指針（セクハラ指針）」

事業主が職場における優越的な関係を背景とした言動に起因する問題に関して雇用管理上講ずべき措置等についての指針（令和 2 年厚生労働省告示第 5 号）→「パワハラに関する厚生労働省の指針（パワハラ指針）」

職業紹介事業者、求人者、労働者の募集を行う者、募集受託者、募集情報等提供事業を行う者、労働者供給事業者、労働者供給を受けようとする者等が均等待遇、労働条件等の明示、求職者等の個人情報の取扱い、職業紹介事業者の責務、募集内容の的確な表示、労働者の募集を行う者等の責務、労働者供給事業者の責務等に関して適切に対処するための指針（平成 11 年労働省告示第 141 号）

心理的負荷による精神障害の認定基準について（平成 23 年 12 月 26 日基発 1226 第 1 号）

脳血管疾患及び虚血性心疾患等（負傷に起因するものを除く。）の認定基準（平成 13 年 12 月 12 日基発第 1063 号）→「脳・心臓疾患の認定基準」

労働基準法の施行に関する件（昭和 22 年 9 月 13 日発基第 17 号（都道府県労働基準局長あて労働次官通達））

労働者災害補償保険法の一部を改正する法律等の施行について（昭和 48 年 11 月 22 日基発第 644 号）

労働基準法の施行に関する件（昭和 22 年 9 月 13 日発基第 17 号（都道府県労働基準局長あて労働次官通達））

▶本書で出てくる法律等の正式名称（＊「　」内ゴシックは本書内の略称）

＊　本文掲載の条文は、理解のために、傍線や丸数字を付し、漢数字を算用数字にするなどの変更をし、条項等を一部省略している場合もあります。裁判所の判例も同様です。また、筆者が文意を補っている箇所は、原則［　］にして補っています。

【日本国憲法】

【法律】

育児休業、介護休業等育児又は家族介護を行う労働者の福祉に関する法律（平成3年法律第76号）→「**育児介護休業法**」

障害者の雇用の促進等に関する法律（昭和35年法律第123号）→「**障害者雇用促進法**」

健康保険法（大正11年法律第70号）

高年齢者等の雇用の安定等に関する法律(昭和46年法律第68号)→「**高年齢者雇用安定法**」

雇用の分野における男女の均等な機会及び待遇の確保等に関する法律（昭和47年法律第113号）→「**男女雇用機会均等法（均等法）**」

短時間労働者及び有期雇用労働者の雇用管理の改善等に関する法律（平成5年法律第76号）→「**有期・パートタイム労働法**」

賃金の支払の確保等に関する法律（昭和51年法律第34号）民法（明治29年法律第89号）

労働安全衛生法（昭和47年法律第57号）

労働基準法（昭和22年法律第49号）

労働組合法（昭和24年法律第174号）

労働契約法（平成19年法律第128号）

労働者災害補償保険法（昭和22年法律第50号）→「**労災保険法**」

労働者派遣事業の適正な運営の確保及び派遣労働者の保護等に関する法律（昭和60年法律第88号）→「**労働者派遣法**」

【政令】

賃金の支払の確保等に関する法律施行令（昭和51年政令第169号）

労働基準法第三十七条第一項の時間外及び休日の割増賃金に係る率の最低限度を定める政令（平成6年政令第5号）

【規則】

雇用の分野における男女の均等な機会及び待遇の確保等に関する法律施行規則（昭和61年労働省令第2号）

労働安全衛生規則（昭和47年労働省令第32号）

や行

ら・わ行

な行

は行

ま行

た行

索引

あ行

か行

さ行

購入者特典

山本君と鈴木さんの国際的な活躍が読める？

＊本書の付録章「労働って国内問題だよね。国際機関って必要なの？」を下記の QR コードから読むことができます。

星田 淳也（ほしだ じゅんや）
前・慶應義塾大学総合政策学部准教授。厚生労働省労働基準局安全衛生部計画課調査官。
2000年東京大学法学部卒業、厚生省（現厚生労働省）入省。医療保険、労働組合、労災保険、国際労働機関担当等の関係部署、食品安全委員会、内閣官房等の関係省庁を歴任。2008年UCLA公共政策大学院修士号取得。
2020年4月、慶應義塾大学総合政策学部准教授（2023年3月まで）、労働法、労働政策、社会保障を担当。

働くなら これだけは知っとけ！労働法

2023年11月20日　初版第1刷発行
2023年12月22日　初版第2刷発行

著　者――――星田淳也
発行者――――大野友寛
発行所――――慶應義塾大学出版会株式会社
〒108-8346　東京都港区三田2-19-30
ＴＥＬ〔編集部〕03-3451-0931
〔営業部〕03-3451-3584〈ご注文〉
〔　〃　〕03-3451-6926
ＦＡＸ〔営業部〕03-3451-3122
振替 00190-8-155497
https://www.keio-up.co.jp/
装　丁――――土屋光
印刷・製本――中央精版印刷株式会社
カバー印刷――株式会社太平印刷社

Printed in Japan ISBN978-4-7664-2927-5